WOLFGANG KÜNZEL

(ALEXANDER CAIN®)

SCHLAF!

KLASSISCHE HYPNOSE LERNEN

**Herzlichen Dank an alle Personen, die mich direkt und
indirekt bei diesem Buch-Projekt mit Rat und Tat,
insbesondere mit dem Lektorat unterstützt haben!**

Verlag: hypnose-shop.de

2. Erweiterte Auflage, April 2011

Druck und Bindung:

QuickPrinter® INC.
www.quickprinter.de

Besuchen Sie uns im Internet:

www.hypnoseakademie.de

www.hypnoseshop.de

ISBN 978-3-93816-231-6

Schlaf!

Klassische Hypnose lernen

Autor:

Wolfgang Künzel
(Alexander Cain®)

INHALTSVERZEICHNIS

wirklichen

W er immer tut, was er schon kann, bleibt immer das, was er schon ist. (Henry Ford)

D ie Bildung kommt nicht vom Lesen, sondern vom Nachdenken über das Gelesene. (Hilty)

WIDMUNG

Ich möchte dieses Buch dem Delfin Gecko widmen!

www.dolphingecko.com

Ich wünsche der Menschheit, dass sie endlich aufwacht und allen Lebewesen dieser Welt Achtung und Respekt entgegenbringt.

Für den Schutz der Delfine und Wale!

Helfen Sie mit!

www.oceancare.org

Vorwort und Werdegang

Hypnose, ein faszinierendes Thema. Die Faszination hat mich bereits als Kind gepackt. Ohne Internet in Kulmbach im ehemals grenznahen Bereich (nahe der Grenze zur ehemaligen DDR) aufgewachsen, war ich auf die Stadtbücherei angewiesen um an Informationen zu kommen. Bücher in sehr kleiner Auswahl waren in den siebziger und achtziger Jahren meine Informationsquellen und dafür bin ich auch heute noch dankbar. Meine ersten Versuche auf dem Gebiet habe ich ca. 1977 im Alter von etwa zwölf Jahren durchgeführt. Mein Freund Wolfgang M. war mein erster Proband, der sich mir für meine Versuche zur Verfügung stellte. Nun, es war sehr interessant und auch spannend. Der große Erfolg sollte sich jedoch erst später einstellen. Einige Jahre später stellte sich Martina M., meine damalige Freundin, mir als Hypnotisand zur Verfügung und schier unglaubliche Dinge geschahen. So waren selbst PSI-Experimente völlig problemlos durchführbar. In einer Stadt mit weniger als 30.000 Einwohnern, in der sich die Jugendlichen untereinander kannten, sprach sich meine neue „Gabe" natürlich unglaublich schnell herum und so dauerte es nicht besonders lange, bis überall wo ich hinkam irgendeine Person saß, die ich mittels eines Auslösers in tiefe Trance versetzen konnte.

Das war in den achtziger Jahren natürlich etwas ganz besonderes: „Der kann hypnotisieren…!". Nur brachte mir die „Gabe" noch lange nicht den Durchbruch im Hinblick auf mein größtes Ziel: Ich wollte Showhypnotiseur werden und natürlich (in Zeiten von analogem, öffentlich rechtlichem Antennenfernsehen, wie ARD, ZDF, BRIII, DDR1 und DDR2, bereits im Fernsehen auftreten. Es sollten noch einige Jahre vergehen, bis sich mein Traum, den ich mir in „The Secret"-Manier schon damals als bereits erfüllt vorgestellt habe, tatsächlich erfüllen sollte. „Zufall" würden einige sagen, oder „Es ist mir zugefallen". Es war 1990, als ein Showhypnotiseur in Kulmbach in einer Discothek auftrat und kurz darauf für einen Zeitraum von drei Monaten nach Kulmbach zog. Genau in diesem Zeitfenster lernten wir uns kennen. Ich fuhr zwei oder dreimal mit zu seinen Veranstaltungen und bekam anschließend, nachdem er mich einfach ins kalte Wasser geschmissen hatte, zunächst einen Künstlernamen. Alexander Cain® war geboren, hierfür zeichnet die Schlagersängerin „Silvy O." verantwortlich, einen Managementvertrag. Bereits beim zweiten Auftritt hatte ich meinen ersten Pressebericht, nach einem halben Jahr sogar den ersten Fernsehbericht! Mein Ziel war erreicht! Natürlich ist die Showbranche kein Zuckerlecken und man bekommt nichts geschenkt. Trotzdem war es für mich weit mehr Erfüllung als mein vorher erlernter Beruf. Die Jahre vergingen, es ging auf und ab und insbesondere mein Wissen und die Erfahrung wuchsen mit jedem Auftritt. So bin ich schon sehr früh darauf gekommen, dass in moderner Literatur ein unglaublicher Unsinn über Hypnose geschrieben wurde. Ich war so froh, dass ich zum damaligen Zeitpunkt nicht die Möglichkeiten hatte, viel Literatur zu kaufen und zu lesen, sondern dass ich auf dem aufbauen musste, was ich mir autodidaktisch angeeignet hatte. In den folgenden Jahren kamen Auftritte in Europa und Übersee, in der Karibik. Es folgte die Veröffentlichung der ersten Hypnose-CD-ROM mit eigener Pressekonferenz, Rundfunk, TV, usw., und darauf folgten viele weitere TV-Sendungen. Und irgendwann kam der Zeitpunkt, an dem die Frau, die mich seit 1994 im Leben begleitet, und ich gemeinsam überlegten, wie es denn weitergehen solle. Neue Ziele mussten her! Weitere CDs entstanden und die Idee „Ausbildung" war geboren. Es war das Jahr 2002, als wir das erste Seminar „Hypnose und Hypnosetechniken" mit klassischer Hypnose in Deutschland angeboten haben und die Freie Gesellschaft für Hypnose e.V. (FGH) gegründet wurde. Im Gegensatz zur klinischen Hypnosetherapie hat der Showhypnotiseur ja grundsätzlich den Zwang, in kürzester Zeit den größtmöglichen Erfolg, was die Hypnosetiefe der Hypnotisanden angeht, zu haben. Also müssen die effektivsten Techniken eingesetzt werden. Begonnen haben wir damals in einem Hinterzimmer einer Gaststätte in Sindelfingen. Bereits kurz danach waren es jedoch bereits Vier-Sterne-Hotels und nach einiger Zeit wurde das Angebot um den „Hypnosecoach", inzwischen Hypnosecoach (HA)®, und weitere Ausbildungen erweitert. Im Jahr 2006 eröffneten wir das Ausbildungszentrum in Arnstorf, in Niederbayern. Hypnose ist inzwischen für viele etwas völlig normales geworden und daran sind meine Frau und ich nicht unbeteiligt. Seit vielen Jahren werde ich auch darauf angesprochen, doch endlich ein Buch zu schreiben. Viele Anfänge gab es seit dem. Es ist jedoch ein Unterschied, ob man ein Buch einfach abschreibt, was sehr häufig praktiziert wird, oder schreiben lässt, was ebenfalls sehr häufig praktiziert wird, oder wie in meinem Fall, von Anfang an, neben der Arbeit selbst schreibt. Ich lasse es mir trotzdem nicht nehmen und ich werde mich auch nicht zurücknehmen, wenn es um Dinge geht, die uns die offizielle Wissenschaft nicht erklären kann oder will.

Auch wenn in diesem Buch Dinge beschrieben sind, die sich viele Menschen nicht erklären können, so garantiere ich die Echtheit! Wenn Sie sich manche Dinge nicht vorstellen können, so versuchen Sie, Ihren Horizont zu erweitern. Testen Sie einfach das unmöglich Klingende. Aber lassen Sie nie die Vernunft außer Acht! Sie sind immer selbst für das verantwortlich, was Sie tun! Auch wenn Sie im Internet lesen: „Der Künzel ... bla bla bla". Es gibt genügend Neider, die meinen sie hätten die Weisheit mit dem Löffel gefressen oder sie sind dagegen, einfach weil es der Künzel sagt. Lassen Sie sich nicht beirren. Machen Sie Ihre eigenen Erfahrungen! Kontrollieren Sie meine Aussagen, so wie ich auch erst kontrolliere und dann glaube oder auch wieder verwerfe.

„Wer Fortschritte machen will, muss als erstes zweifeln, denn der Zweifel des Geistes führt zur Entdeckung der Wahrheit." (Aristoteles)

Wenn Sie irgendwann vom Hypnosefieber gepackt wurden und unter professioneller Anleitung die Techniken praktisch erlernen wollen oder die Kenntnisse noch extrem erweitern wollen auf den Gebieten der Hypnosetherapie oder der Showhypnose, dann bieten wir Ihnen in Arnstorf / Niederbayern im größten deutschen Hypnoseausbildungszentrum eine Ausbildung an. Wir würden uns sehr freuen, Sie bald dort begrüßen zu dürfen!

Auf unserer Homepage www.hypnoseakademie.de und unter www.hypnoseakademie.de/seminarliste.php finden Sie alle notwendigen Informationen.

Es freut mich sehr, dass Sie nun bereits die zweite, erweiterte Auflage meines Buches in den Händen halten. Ich wünsche Ihnen auch mit dieser Ausgabe viel Spaß beim Lesen und insbesondere viel Erfolg!

Wolfgang Künzel (Alexander Cain®)

Erste Auflage Mai 2010

Zweite erweiterte Auflage April 2011

Die Geschichte der Hypnose in Europa vom Mittelalter bis zur Moderne

Als ich endlich die Entscheidung getroffen hatte, ein Buch zum Thema Hypnose zu verfassen, war mir eines klar. Das Kapitel „Die Geschichte der Hypnose" sollte entfallen, da es in nahezu allen Büchern zum Thema nachzulesen ist. Die neuzeitliche Entwicklung der Hypnose und Recherchen in antiquarischer Literatur zum Thema, haben mich jedoch bewogen, dieses Thema nicht außer Acht zu lassen, da es für das Verständnis der verschiedenen Techniken sehr wichtig ist, und es tatsächlich auch bei diesem Thema, nicht zu vernachlässigende Verfälschungen gibt.

In allen Kulturen finden sich Berichte über Geisteszustände, die sich bei näherer Betrachtung als das, was wir heute als „Hypnose" bezeichnen, herausstellen. Auch wurden in Ritualen, usw. Manipulationen vorgenommen, um Menschen in solche Zustände zu versetzen. Bei der „Hypnose" handelt es sich also keineswegs um eine Erfindung oder Entdeckung der Neuzeit, sondern um uraltes Wissen, das jedoch im Laufe der Geschichte immer wieder mehr oder weniger in Vergessenheit geraten ist oder verfälscht, bzw. gar verboten wurde. Wie sich noch herausstellen wird, ist die Hypnose selbst auch gar nichts Besonderes. Das Besondere ist eher das manuelle Hervorrufen dieses Zustands, also das „Hypnotisieren". Hypnotische Zustände fanden mit der Verbreitung des Christentums zwar kein

Ende, es war jedoch zweifellos gesünder, nicht in einen Zustand der Tieftrance („Somnambulismus") zu fallen. Die Möglichkeiten dieses Zustands, wie zum Beispiel Schmerzunempfindlichkeit, Heilung, etc. wurden im Mittelalter dem Teufel zugesprochen. Dies hatte höchst unangenehme Folgen für die Betroffenen. Zunächst wurden die Somnambulen „nur" als vom Teufel oder Dämonen besessen angesehen. Später jedoch, wurden sie als Hexen bezeichnet. Es wurde ihnen ein Bündnis mit dem Teufel unterstellt und sie wurden regelrecht ausgerottet.

Noch sehr gut zurückzuverfolgen, da durch schriftliche Aufzeichnungen belegt, sind die Entdeckungen und das Wirken von Franz Anton Mesmer (1734-1815). Mesmer, ein gut gelehrter Mann, der neben Philosophie und Theologie auch Medizin studierte, war der Begründer des Begriffs „thierischer Magnetismus". Der Begriff „Magnetismus" ist insofern als Metapher zu verstehen, als zu diesem Zeitpunkt die Behandlung von Kranken mit mineralischen Magneten an der Tagesordnung war. Mesmer nahm nicht als erster an, dass es ein auch derzeit noch nicht messbares „Fluid" gibt, das Auswirkungen auf den menschlichen Körper und die Psyche hat. Da die Wirkungen dieses „Fluids" ähnlich waren, wie die der Mineralmagnete, nannte er es „thierischen" Magnetismus. Auch seine Entdeckung selbst, hatte zunächst mit Magneten zu tun. So stellte er fest, dass Menschen in Trance fielen, als er mit Magneten über ihren Körper strich. Als er versehentlich die magnetischen Stäbe mit nicht magnetisierten Stäben verwechselte, bemerkte er, dass es nicht am Magneten selbst lag, und Hilfsmittel wie Eisenstäbe an sich auch nicht notwendig sind. Im Jahre 1775 veröffentlichte er seine Entdeckungen in Wien. Da Mesmer seine Entdeckung zur Behandlung von Krankheiten einsetzte, feindeten ihn die Ärzte Wiens derart an, dass er sogar aus Österreich ausgewiesen wurde und 1778 sein neues Domizil in Paris aufschlug. Der französische Adel empfing ihn mit großem Enthusiasmus, sein Ansehen wuchs immer mehr. Und 1780 eröffnete er seine eigene magnetische Heilanstalt. Nachdem er immer größeren Zulauf, insbesondere aus den höchsten Schichten der Bevölkerung, hatte, wurde 1784 von der französischen Regierung eine eigene Untersuchungskommission eingesetzt. Im Ergebnis wurde den Ärzten die Mesmersche Heilmethode verboten. Weitere Verhandlungen fanden im Jahr 1790 mit den Wirren der Revolution ein jähes Ende. Während Mesmer in seinem Heimatland weiter praktizierte, ging seine Saat in Frankreich zunächst weiter auf, wobei sich jedoch verschiedene Ansichten entwickelten. Eine Partei blieb bei der ursprünglichen Meinung der organisch-physischen Wirkung. Unter der Führung von Barbarin nahmen die „Spiritualisten" eine rein psychische Wirkung an und die „Société harmonique des amis réunis" des Marquis v. Puységur heilte durch den „hellsehenden Somnambulismus", möglicherweise ein Vorläufer heutiger analytischer Techniken. Im Laufe der französischen Revolution wurden jedoch auch diese Gesellschaften aufgrund angenommener oder tatsächlicher politischer

Verstrickungen freiwillig oder zwangsläufig aufgelöst. Erst im Jahr 1815 gründete der Marquis v. Puységur, der der Revolution entronnen ist, die „harmonische Gesellschaft" um Mesmer's Lehren wieder aufleben zu lassen. Die Anfeindungen der Ärzte begannen von neuem. Auch andere Personen, die es verstanden, das Interesse des Publikums zu wecken, wurden lächerlich gemacht und verschwanden schnell wieder von der Bildfläche. In Deutschland wurden Mesmer's Lehren meist nur im Verborgenen angewendet. Interessante Namen, die hier auftreten, sind Johann Kaspar Lavater (1741-1801), der Astronom und Physiker Heinrich Wilhelm Matthäus Olbers (1758-1840, Olbers Paradoxon), Georg Bickers (1754-1823) und Arnold Wienholt (1749-1804), sowie Johann Lorenz Böckmann (1741-1802) und Eberhard Gmelin (1751-1809). Auch in Deutschland sorgten jedoch (nicht zum letzten Mal) politische Stürme dafür, dass Mesmer's Lehre, von seinen Anhängern „Mesmerismus" genannt, nahezu in Vergessenheit geriet. Obwohl Franz Anton Mesmer vor etwas über 200 Jahren meinte, etwas völlig Neues entdeckt zu haben, ist es prinzipiell gar nichts Neues gewesen. Neu war nur der Name „thierischer Magnetismus". In vielen anderen Kulturen, früher und auch heute, gab, bzw. gibt es Lehren von einer Art „Fluidum", das den menschlichen Körper durchdringt. Ob man es „Od", „Chi", „Prana", „Aura", „Orgon", „Odem", „Od", „Qui", oder sonst irgendwie benennt, ist gleich. Alles sind Ausdrücke, die ein und dasselbe bezeichnen.

Weitere Begriffe, die zum damaligen Zeitpunkt geprägt wurden und die Missverständnisse darstellen, die sich bis heute gehalten haben, sind „Elektrobiologie", „künstliche Neurose", „künstlicher Nervenschlaf", „Somnambulismus", „Noctambulismus", „magnetische Ekstase", usw.. Der Begriff „hypnotize" (deutsch „Hypnotisieren") wurde 1843 von dem schottischen Augenarzt James Braid (1795-1860) geprägt. Er leitete diesen Begriff aus dem griechischen „Hypnos" (=Schlaf) her, nachdem er die Entdeckung gemacht hatte, dass eine Überreizung der Augennerven zu somnambulen Zuständen führen kann. Braid ist jedoch im Gegensatz zur vorherrschenden Lehrmeinung **nicht** der Begründer des Begriffs „Hypnose". Dieser Begriff existierte bereits vorher. Braid ist somit der Vorreiter der heutigen Fixationshypnose. Zum damaligen Zeitpunkt, als es noch keine wirksamen Betäubungsmittel gab, ein Segen für viele Menschen bei schmerzhaften Operationen. Französische Physiologen prägten wiederum den Begriff „Somnambulisme provoqué" (künstlicher Somnambulismus), der die Erscheinungen zwar wesentlich präziser beschreibt, sich jedoch nicht durchsetzen konnte. Präziser ist der Ausdruck „**künstlicher** Somnambulismus", aufgrund der Differenzierung zum „Idio"- und „Autosomnambulismus". Während der Begriff „Hypnose" heute alles beinhaltet, wird hier unterschieden. Zu den „Idiosomnambulen" zählt man die Personen, die wissentlich und absichtlich einen somnambulen Zustand hervorrufen. Hierzu zählen z.B. Fakire, Trancemedien, usw. - heute würde man dies

als Selbsthypnose bezeichnen. Die „Autosomnambulen"
Personen wiederum sind Menschen, die ohne eigenes
Zutun in den somnambulen Zustand geraten, wie z.B.
Schlafwandler und Schlafsprecher.

Zurück zu James Braid, denn hier beginnt meines Erachtens **einer der größten Irrtümer in der Geschichte der
Hypnose**. Als Braid 1843 in einer Buchveröffentlichung
die Begriffe „Neuro-Hypnotism" (nervöser Schlaf) und
„Neurypnology" (die Lehre vom nervösen Schlaf) schuf,
ging er einzig von seinen persönlichen Vermutungen
aus. Er selbst wollte 1847 den Begriff „Hypnotism" (Hypnose) in „Monodeismus" (Konzentration auf eine Idee)
wandeln, nachdem er erkannte, dass die hypnotischen
Phänomene wie Katalepsie (Starrkrampf), Amnesie (Gedächtnisverlust) und Anästhesie (Betäubung) auch im
Wachzustand zu erzeugen waren. Der Begriff „Hypnose" hatte sich jedoch bereits in vielen Ländern verbreitet
und ist, wie wir wissen, auch heute noch der Geläufig-
ste (wenn auch grundsätzlich falsch). Doch was verstand
Braid unter „Hypnose"? Wie bereits erwähnt, war James
Braid Chirurg und Augenarzt. Seine Entdeckung war sicher phänomenal. Seine Auslegung des Phänomens war
jedoch eher unwissenschaftlich. Mittels der Fixation glänzender Metallscheiben, übrigens eine Technik, die schon
aus dem alten Ägypten überliefert worden ist, erzeugte
er eine Ermüdung der Augen und eine Überreizung der
Nerven. Die durch die Fixation auf einen Punkt einset-
zende Trance bezog er in Anbetracht seiner Ausbildung

auf die Nerven. Die Entdeckung Mesmer's wiederum, und die hierbei einsetzenden Trancezustände, bezog er auf die monotonen Streichungen und keineswegs auf ein Fluidum. Er, der Arzt, suchte eine rationale Erklärung für die Vorgänge beim Mesmerisieren. In Anbetracht der Persönlichkeiten, die Mesmer's Lehre verbreiteten, wollte er nicht gleich alles als Humbug hinstellen. Da er selbst jedoch weit bessere Erfolge mit seiner eigenen Methode der Fixation erzielte, versuchte er das Phänomen des „thierischen Magnetismus" mit seiner eigenen Idee zu erklären. Es ist verständlich, dass unter den Wissenschaftlern eine Nervenüberreizung oder ein hypnotischer Schlaf aufgrund andauernder Konzentration auf eine Sache weit besser ankam, als ein angebliches Fluidum. Und so nahm das Verhängnis seinen Lauf. Während zunächst Braid's Fixationsmethode, zumindest bis zur Entdeckung chemischer Narkotika (z.B. Chloroform und Lachgas), bei den Ärzten Einzug hielt, geriet Mesmer's Lehre als mehr oder weniger widerlegt in Vergessenheit. Aus heutiger Sicht und eigener Erfahrung kann ich hierzu sagen, dass es sich beim „thierischen Magnetismus" und Braid's Fixationshypnose um zwei völlig verschiedene Techniken handelt, die jedoch ein und denselben Zustand hervorrufen können und dass Braid mit seiner damaligen Annahme, den „thierischen Magnetismus" erklären zu können, völlig falsch lag. Entschuldigen kann man das natürlich mit dem großen Enthusiasmus, den diese Entdeckung hervorrief. Da Braid's Theorie jedoch bei der Wissenschaft großen

18

Anklang fand, man hatte ja ein Phänomen entmystifiziert, ging die Geschichte der Hypnose zumindest wissenschaftlich, bzw. medizinisch einen völlig neuen Weg, ohne den Vorherigen noch weiter zu beachten.

Während die Medizin voranschritt und Hypnose zur Anästhesie unnötig wurde, wäre die Hypnose und insbesondere der somnambule Zustand nun langsam mehr und mehr in Vergessenheit geraten, hätte es nicht die heute so verteufelten Showhypnotiseure gegeben, die weiterhin auf Jahrmärkten die Phänomene zum Besten gaben.

Eine immens wichtige Entdeckung für die heutige medizinische Hypnosetherapie, die zunächst nichts mit Hypnose an sich zu tun hat, stammt von Emil Coué (1857-1926). Der französische Apotheker fand heraus, dass chemische Medikamente bessere Wirkung zeigten, wenn er seine Kunden von der hervorragenden Wirkung überzeugte. Andererseits konnte er den gegenteiligen Effekt erzeugen, wenn er abwertend darüber sprach. Er entdeckte die Kraft der Einbildung (sich ein Bild machen) und somit die Suggestion. Viele berühmte Sätze werden ihm zugesprochen, wie z.B.: „Jeder Gedanke, den wir uns zu eigen machen und der unseren Geist ausschließlich beherrscht, wird für uns zur Wahrheit und drängt darauf, Wirklichkeit zu werden.", „Eine Krankheit befürchten heißt, sie zu verursachen.", „Was ich befürchtet habe, ist zu mir gekommen.", „Es geht weg, weg, weg...", oder sicher der bekannteste: „Es geht mir mit jedem Tag in jeder Hinsicht immer besser und besser.". Coué's Entdeckung war sicher nicht neu. In vielen (Geheim-)Lehren wurde auch zu dieser Zeit die Visualisierung, usw. gelehrt. Jedoch schaffte Emil Coué den Weg an die Öffentlichkeit und damit auch zur Wissenschaft und zur Medizin. Coué verwendete und lehrte keine hypnotischen Techniken, seine Lehre wurde jedoch prägend für die Zukunft der Hypnose.

Mit dem zweiten Weltkrieg im 20. Jahrhundert geriet die Hypnose in Europa wieder in Vergessenheit. Wie das Schicksal des von den Nazis ermordeten Hypnotiseurs Erik Jan Hanussen (bürgerlich Hermann Chajm Steinschneider, 1889 – 1933)zeigt, war es eine sehr unsichere Zeit für Hypnotiseure. Showhypnose wurde unter Hitlers Führung verboten und die Entdeckungen der chemisch-pharmazeutischen Industrie, sowie die Lehre des Psychoanalyse Sigmund Freud's (1856-1939) und dessen spätere Ablehnung der Hypnose, machten die Technik im Bereich der Medizin in den Augen der Ärzte überflüssig. Es sollte nun lange dauern, bis sich beides wieder einigermaßen etablierte – jedoch wiederum auf völlig unterschiedliche Art und Weise.

Während der Facharzt für Psychiatrie M.D. Milton H. Erickson (1901-1980) 1957 die „Amerikanische Gesellschaft für klinische Hypnose" gründete, die sich erst 1978 auch in Deutschland etablierte, fanden Anfang der 70er Jahre auch wieder Showhypnosen in Deutschland statt. Um den weiteren Verlauf zu verstehen, muss man wissen, dass

Milton H. Erickson zunächst eigene Methoden entwickelte, nachdem er während seines Universitätsstudiums in Amerika mit der Hypnose in Berührung kam. Durch zweimalige Kinderlähmung war er seit 1953 an den Rollstuhl gefesselt. Sein psychiatrisches Wissen, sein Einfühlungsvermögen, sein hervorragender Ruf und nicht zuletzt die große Erwartungshaltung seiner Patienten und die daraus resultierenden Erfolge, machten ihn zum sicher bekanntesten Hypnotiseur dieser Zeit, obwohl die von ihm eingesetzten Techniken wieder völlig neuer Art waren und im Prinzip nur auf Suggestion (Worten, bzw. Visualisierungen) beruhten (vgl. Emil Coué). Die Erfolge, die er in Anbetracht seines Berufes im Rahmen der Psychotherapie hatte, gaben ihm natürlich Recht und so wurde er in Annahme, dass er eine ganz besonders wirksame Technik erfunden hätte, kopiert. Richtig ist, dass man Techniken kopieren kann. Wie sieht es jedoch mit Einfühlungsvermögen und einem vorauseilenden Ruf und daraus resultierender Erwartungshaltung aus? Alles Dinge, die bei reiner Suggestion sehr wichtig sind... Trotz allem ist es sicher sein Verdienst, dass Suggestion im Bereich der Psychotherapie Einzug gefunden hat. Ich verwende hierbei aus gutem Grund nicht das Wort „Hypnose", da diese Bezeichnung im ursprünglichen Zusammenhang nichts mit den heute häufig in der Medizin verwendeten indirekten Techniken zu tun hat. So wie man James Braid als Vater der Fixationshypnose ansehen kann, könnte man Milton H. Erickson als Erfinder der Konfusionstechnik (Verwirrungstechnik) bezeichnen. Keinesfalls jedoch als Vater einer „modernen Hypnose", denn es handelt sich jeweils nur um Ausschnitte eines großen Ganzen. Trotzdem darf man Erickson's Verdienste nicht herabwürdigen. Er hat es zumindest geschafft, die indirekte Suggestion in der Psychotherapie zu etablieren.

Blenden wir um zur Showhypnose, die in Deutschland durch den Hypnotiseur „Cally" (Karl-Heinz Busch) in den 70er Jahren zu neuer Blüte gelang. Die bei der Showhypnose eingesetzten Techniken wiederum entstammen etwas abgewandelt den Lehren von James Braid (Gruppenhypnose mit Fixationstechnik) und Franz Anton Mesmer (verschiedene Blitzhypnosetechniken). Ziel des Showhypnotiseurs war und ist der tiefe Somnambulismus und die damit eintretenden Phänomene. Leider waren Showhypnotiseure lange Zeit reine Entertainer, die zwar die Techniken beherrschten, sich damit jedoch nicht unbedingt mit großem Ruhm bekleckerten. Vor dem Start des deutschen Privatfernsehens im Jahr 1984 waren Bühnenshows jedoch die einzigen Wegbereiter der Hypnose in Deutschland. Das private und später auch das staatliche Fernsehen berichteten immer wieder über schier unglaubliche Phänomene, die jedoch von Medizinern immer wieder in Zweifel gezogen wurden. Die besten Zeiten für Showhypnotiseure, die auch ich noch mit meiner eigenen „Alexander Cain Hypnoseshow" (1990-2004) erlebte, waren sicher die 70er bis in die 90er Jahre des 20. Jahrhunderts. Da die neue medizinische Hypnose kaum somnambule

Zustände kennt, wurden (und werden immer noch) Show-hypnotiseure häufig als Scharlatane hingestellt. Die wissenschaftliche Ignoranz treibt hier immer noch auf einen neuen Höhepunkt zu, während sich die Medien, so meint man, nicht entscheiden können zwischen Sensation und wissenschaftlichem Hochmut.

Natürlich war gerade das Geheimnisvolle, das den Begriff „Hypnose" beherrscht, die Bühnenshow. Aber auch die sehr differenzierte Berichterstattung der Medien hat nicht dazu beigetragen, Hypnose zu etablieren. Im TV und bei Live-Shows wurden immer wieder Somnambule gezeigt, die die unglaublichsten Dinge verrichteten, während Mediziner dagegen wetterten und auch heute noch propagieren, dass kein Mensch in Hypnose irgendwelche Dinge tun würde, die gegen seinen Willen laufen. Man kann das verstehen, wenn man die völlig unterschiedlichen Techniken betrachtet, die jedoch alle denselben Namen haben: „Hypnose". Während die Psychotherapeuten mit Metaphern, Geschichten und einfachen Suggestionen arbeiten, um unbewusste Verhaltensweisen zu ändern, sind Showhypnotiseure gefordert, in kürzester Zeit, die unglaublichsten Phänomene zu produzieren. Den Medizinern wiederum kommt es in der Regel nicht darauf an, in kurzer Zeit Erfolg zu haben. Der kranke Patient bringt Geld, nicht der gesunde Mensch. Zudem kann man sich nicht einerseits von Showhypnose so distanzieren, dass man die Techniken als Humbug hinstellt, um andererseits genau dieselben ultraschnellen und effektiven Techniken einzusetzen. Dass sich die moderne Psychotherapie weiterhin in der Sackgasse befindet, dafür sorgen wiederum die Vertreter der verschiedenen Ärzte- und Psychotherapeutenvereinigungen, die sich lieber mit den Vertretern der klassischen Hypnose anlegen, anstatt mit ihnen zusammen zu arbeiten. Natürlich wäre es auch sehr fraglich gewesen, ob die inzwischen sehr bekannten Showhypnotiseure, ihre Geheimnisse verraten hätten. So liest man in deren Biografien sowieso häufig, dass sie angeblich in fernen Ländern von irgendwelchen Priestern eingeweiht worden wären. Es gab zwar auch in den 70er Jahren gute Literatur zum Thema, jedoch hatten die Autoren keine Möglichkeit, gegen die Lobby der Psychotherapie anzutreten. Erst im Jahr 2002, als in Deutschland von Margot Fraunberger unter meiner Mithilfe „Die Hypnoseakademie" gegründet wurde und kurz darauf weitere Verfechter der klassischen Techniken hinzu kamen, gab es wieder regelmäßige Ausbildungen und Forschung, insbesondere auch auf wissenschaftlich noch nicht belegbaren Gebieten, betreffend der uralten Techniken in Deutschland. Da es inzwischen seitens der Psychotherapeuten jedoch Bestrebungen gibt, die Hypnose (oder das, was von ihnen als Hypnose bezeichnet wird) als anerkannte Heilmethode anerkennen zu lassen, bleibt abzuwarten, ob es möglicherweise in Zukunft wieder staatlich verordnete Maulkörbe gibt, oder ob die Techniken endlich revolutioniert werden können.

Was ist Hypnose?

Die Frage der Fragen ist leider nicht so einfach zu beantworten. Wie im Kapitel über die Geschichte der Hypnose bereits ausgeführt, handelt es sich bei „Hypnose" um eine Wortschöpfung, die inzwischen für allerlei verschiedene Bewusstseinszustände und Techniken verwendet wird. Während eine Krankheit in der Regel einen vordefinierten Verlauf nimmt, ist es bei der Hypnose sehr vom Hypnotiseur, der verwendeten Technik und der zu hypnotisierenden Person, sowie von verschiedenen Umweltfaktoren abhängig. Grundsätzlich gesehen ist die Hypnose ein veränderter Bewusstseinszustand, der zum Teil mit allerlei physiologischen Reaktionen einhergeht. Um den Zustand der Hypnose zu verstehen, müssen wir zunächst zwischen dem Wachbewusstsein und dem Unterbewusstsein unterscheiden. Ich möchte hier keine Wortspielereien (Unbewusstes, etc.) beginnen und ich sehe diese Unterscheidung auch nur bildhaft, da die Begriffe „Wachbewusstsein" und „Unterbewusstsein" niemals auch nur annähernd etwas über die gewaltigen Möglichkeiten und die Faszination der Schöpfung aussagen können. Auch möchte ich hier an dieser Stelle nicht in die Gehirnphysiologie eindringen oder andere Meinungen über den Sitz der verschiedenen Bewusstseinsschichten ausführen. Es würde die Sache nur unnötig verkomplizieren. Zum Verständnis des Zustands, den wir heute „Hypnose" nennen, genügt es zunächst vollkommen, wenn wir uns über die Existenz mindestens zweier Bewusstseinsschich-

ten im Klaren sind. Nennen wir diese der Einfachheit hal-
ber also „Wachbewusstsein" und „Unterbewusstsein".
Während das Wachbewusstsein ausgeschaltet werden
kann (z.B. im Tiefschlaf, bei Ohnmacht oder Bewusstlosigkeit), wäre das beim Unterbewusstsein ungesund, da
das Unterbewusstsein unter Anderem alle unsere lebens-
notwendigen Funktionen, wie Herzschlag, Atmung, Haut-
temperatur, usw. steuert. Wie gesagt handelt es sich hier
aus gutem Grund nur um eine bildhafte Darstellung, die
die komplizierten physiologischen Vorgänge im Gehirn
in keiner Weise erklären kann oder soll! Man muss kein
Hirnforscher sein, um Hypnotisieren zu erlernen und Hypnose grundsätzlich zu verstehen. Wenn wir nun das Unterbewusstsein noch als eigenständig ansehen, wird das
Bild etwas klarer. Der große Unterschied zwischen diesen
beiden Bewusstseinsschichten ist der „Kritiker". Unsere
Kritikfähigkeit hat den Sitz im Wachbewusstsein und zwar
zumindest zum größten Teil dort. Wenn man nun mittels
geeigneter Techniken der klassischen Hypnose (Mesmerismus, Fixationstechniken, etc.) das Wachbewusstsein
einschränkt, nimmt die Kritikfähigkeit entsprechend ab.
Der Zugang zum Unterbewusstsein und damit unter Anderem auch auf unsere Körperfunktionen wird geöffnet.
Da das Unterbewusstsein auch keineswegs als dumm, wie
ein Computer ohne Software, bezeichnet werden kann,
sondern stattdessen in präziser Logik und mit erstaunli-
cher Kreativität arbeitet, werden fantastische Möglichkeiten eröffnet, die selbst in der heutigen Zeit noch nicht

wirklich erforscht sind.

Bei der Geschichte der Hypnose war von „Somnambulismus" die Rede. Auch heute wird dieser Begriff in Verbindung mit der Hypnose noch verwendet. Er bezeichnet den
tiefsten der verschiedenen Hypnosezustände. Zwischen
dem völligen Wachzustand und der tiefsten Hypnose gibt
es jedoch viele verschiedene Zustände. Man könnte nun
10, 20, 30 oder gar noch mehr unterschiedliche Phasen
unterscheiden. Ich persönlich halte es jedoch für nicht
unbedingt notwendig, zig Unterscheidungen zu treffen,
zumal diese nur von sehr erfahrenen Hypnotiseuren, und
dann auch meist nur mit unterschiedlichen Tests erkannt
werden können. Durchgesetzt haben sich drei Begriffe
und somit zunächst drei verschiedene Phasen der Hypnose, die für das Verständnis meines Erachtens zunächst
auch ausreichend sind, da eine weitere Unterteilung alles
nur unnötig verkomplizieren würde. Es schadet grundsätzlich nicht, sich diese Begriffe, insbesondere „Somnambulismus" zu merken:

- **Somnolenz** (leichte hypnotische Trance)

- **Hypotaxie** (mittlere hypnotische Trance)

- **Somnambulismus** (tiefe hypnotische Trance)

Sehen wir uns diese Hypnosestadien einmal im Vergleich
zum normalen Wachzustand an:

Wachzustand

Das Bewusstsein (Kritiker) ist voll aktiv

Unterbewusstsein

- Puls und Blutdruck befinden sich auf individuell normalem Level.

- Die Kritikfähigkeit ist voll vorhanden.

- Das Erinnerungsvermögen ist normal.

Somnolenz (leichte hypnotische Trance)

Das Bewusstsein ist leicht eingeschränkt

Unterbewusstsein

- Puls und Blutdruck sinken leicht.

- Der Hautwiderstand nimmt messbar zu.

- Die Kritikfähigkeit ist leicht eingeengt.

- Das Erinnerungsvermögen ist noch normal.

- Es tritt, je nach Induktion, körperliche Entspannung ein.

Hypotaxie (mittlere Hypnotische Trance)

Das Bewusstsein ist eingeschränkt

Unterbewusstsein

- Puls und Blutdruck sinken.

- Der Hautwiderstand nimmt weiter messbar zu.

- Die Kritikfähigkeit ist begrenzt.

- Das Erinnerungsvermögen kann bereits eingeschränkt sein.

- Es kann REM (Rapid Eye Movement = schnelle
Augenbewegungen) auftreten.

- Es tritt eine Muskelrelaxation ein (Muskelent-
spannung).

- Katalepsie von Gliedmaßen (nach entsprechen-
der Suggestion).

- Möglichkeit posthypnotischer Suggestion.

Somnambulismus (tiefe hypnotische Trance)

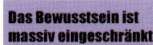

Unterbewusstsein

- Puls und Blutdruck sinken.

- Der Hautwiderstand nimmt weiter messbar zu.

- Die Kritikfähigkeit ist nahezu ausgeschaltet.

- Es tritt Amnesie (Gedächtnisverlust) ein.

- Posthypnotische Suggestionen sind völlig problemlos.

- Möglichkeit von positiven und negativen Halluzinationen.

- Möglichkeit kompletter Persönlichkeitsveränderung.

- Möglichkeit darauf folgender Wachhypnose.

Während man die vorher benannten Hypnosephasen grundsätzlich in Verbindung mit einem Menschen mit geschlossenen Augen assoziiert, gibt es ein weiteres Stadium, das ich als „Wachhypnose" bezeichnen möchte. Voraussetzung hierfür ist vorhergehender Somnambulismus, also sehr tiefe Hypnose. Lässt man einen Menschen in dieser Phase die Augen öffnen, oder irgendwelche Suggestionen mit geöffneten Augen posthypnotisch ausführen, ohne die Hypnose komplett aufzulösen, hat der Hypnotiseur weiterhin den sogenannten Rapport, also den kompletten Zugang zum Unterbewusstsein des hypnotisierten Menschen. Für einen außenstehenden Menschen erscheint der Hypnotisierte hellwach, auch wenn dieser seine Umwelt häufig wie aus der Ferne heraus wahrnimmt. Im Zustand der Wachhypnose ist der Proband absolut handlungsfähig und er ist sich seines Zustands auch nicht bewusst. Trotzdem hat der Hypnotiseur den kompletten Zugang zum Unterbewusstsein unter nahezu völliger Umgehung der normalen Kritikfähigkeit.

Wachhypnose (Wachzustand während tiefer hypnotischer Trance)

Der Hypnotiseur hat den vollen Zugriff auf das Unterbewusstsein, wie beim Somnambulismus

Das Bewusstsein (Kritiker) ist voll

Unterbewusstsein

- Leichtes Schwäche- oder Schwindelgefühl.

- Augen sind geöffnet, ein Außenstehender kann die hypnotische Trance kaum erkennen.

- Puls und Blutdruck sind häufig unterhalb normaler Werte.

- Der Hautwiderstand sinkt (im Gegensatz zum Somnambulismus).

- Die Kritikfähigkeit gegenüber dem Hypnotiseur ist nahezu ausgeschaltet.

- Es tritt Amnesie ein.

- Suggestionen werden auch im Wachzustand ausgeführt.

- Möglichkeit von positiven und negativen Halluzinationen im Wachzustand.

- Möglichkeit kompletter Persönlichkeitsveränderung im Wachzustand.

Während die ersten beiden Stadien (Somnolenz und Hypotaxie) von den meisten Menschen in relativ kurzer Zeit erreicht werden können, hängt es beim tiefen Somnambulismus von mehreren Faktoren ab. Das wichtigste Kriterium ist meines Erachtens die verwendete Induktionstechnik. Die Techniken, die in der heutigen Zeit als „moderne Hypnose" bezeichnet werden, bzw. „Hypnose nach Erickson", sind in der Regel (außer bei extremer Erwartungshaltung) nicht geeignet, somnambule Zustände oder gar Wachhypnose beim Probanden zu erzeugen. Weiterhin spielen der Zeitfaktor, die Erwartungshaltung des Hypnotisanden und die verwendeten Vertiefungstechniken eine Rolle. Auf diese Faktoren werde ich an anderer Stelle jeweils gesondert eingehen.

Der französische Psychiater und Neurologe Hippolyte Bernheim (1837-1919) teilte die Hypnose in neun Kategorien ein (sechs Kategorien wenn die Erinnerung vorhanden ist und drei mit Gedächtnisverlust), die sicherlich zum Verständnis der Hypnose auch heute noch sehr interessant sind:

I. **Erinnerung beim Erwachen**

1. Betäubung, Somnolenz

2. Unmöglichkeit, die Augen spontan zu öffnen

3. Suggestive Katalepsie, mit der Möglich-

keit, den Zustand aufzuheben

4. Tiefe Katalepsie mit der Unmöglichkeit seitens des Hypnotisierten, den Zustand aufzuheben

5. Ungewollte, suggestive Muskelsteifheit

6. Automatischer Gehorsam

II. **Erinnerungslosigkeit (Amnesie) beim Erwachen**

7. Fehlen der Halluzinationsfähigkeit

8. Halluzinationsfähigkeit während der Hypnose

9. Halluzinationsfähigkeit während und nach der Hypnose

Etwas vereinfacht kann man die Hypnosestadien folgendermaßen darstellen:

Leichte Trance (Somnolenz)
Vollkommene physische Entspannung.
Katalepsie von Augenlidern und Gliedmaßen.
Vollkommene Erinnerung an alle Suggestionen.
Ausführung von einfachen Suggestionen, die keinerlei Abwehr hervorrufen.
Es ist leicht möglich, sich selbst aus dem Zustand zu lösen.

Mittlere Trance (Hypotaxie)
Ausführung (auch unlogischer) Suggestionen bei geschlossenen Augen.
Kataleptische Starre ist möglich.
Hypnotische Anästhesie durch Suggestion ist möglich.
Altersregression und Reinkarnation ist möglich.
Hypermnesie (extrem gesteigertes Gedächtnis).
Einfache posthypnotische Suggestionen sind möglich.

Tiefe Trance (Somnambulismus)
Positive und in sehr tiefer Trance auch negative optische und akustische, sowie Halluzinationen aller anderen Sinne sind möglich.
Posthypnotische Suggestionen sind möglich.
Ausführung auch unlogischer Suggestionen bei geöffneten Augen.
Oft vollkommene Amnesie (Gedächtnisverlust) für die Zeit der Hypnosesitzung.
Komplette Persönlichkeitsänderung durch Suggestion ist möglich.
Ein eigenes Lösen aus dem somnambulen Zustand ist nur bei äußerst unlogischen Suggestionen möglich, die strikt gegen den Willen des Hypnotisanden gehen oder dessen Gefühle verletzen.
Möglichkeit von Verbrechen unter Hypnose oder an Hypnotisierten.

Wachhypnose bei geöffneten Augen
Der Hypnotiseur kann alle Suggestionen geben, wie im somnambulen Zustand auch.
Suggestionen direkt aus dem Gespräch heraus sind problemlos möglich.
Ausführung auch unlogischer Suggestionen bei geöffneten Augen.
Oft vollkommene Amnesie (Gedächtnisverlust) für die Zeit der Wachhypnose.
Möglichkeit von Verbrechen unter Hypnose oder an Hypnotisierten.

Die Trancetiefe ist variabel. Eine Person, die eben noch in leichter Trance war, kann innerhalb von Sekunden eine mittlere oder sogar tiefe Trance erreichen. Dabei entwickelt sich die Hypnose wie in diesem Bild. Man sinkt tiefer in Trance und wieder etwas heraus, daraufhin geht es noch tiefer und wieder etwas heraus. Eine richtige Wellenform entsteht.

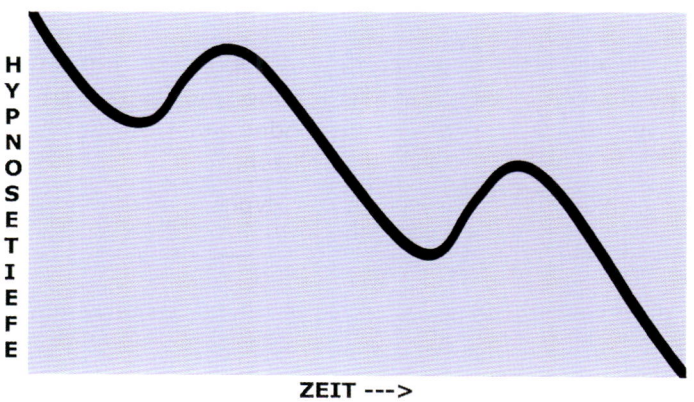

H
Y
P
N
O
S
E
T
I
E
F
E

ZEIT --->

Die grössten Unwahrheiten zum Thema Hypnose

Insbesondere moderne Literatur zum Thema Hypnose ist ein Sammelsurium gewissen Unsinns zum Thema. Das liegt insbesondere daran, dass ein Plagiat anscheinend eher zum guten Ton gehört und viele Autoren der Meinung sind, das Rad nicht noch einmal neu erfinden zu müssen. In meinen Seminaren weise ich immer wieder darauf hin, dass gerne geglaubt wird, was irgendwo gedruckt wurde. „Es steht in der Zeitung..." oder „in dem Buch steht...", wird häufig zitiert, wenn man etwas glaubhaft versichern möchte. Doch macht es grundsätzlich keinen Unterschied, ob eine Unwahrheit gesagt oder gedruckt wurde, oder? In Zeiten des Internets und der Tastenkombinationen Strg-C und Strg-V sind Plagiate jedoch leider eher die Regel als die Ausnahme. Gibt man aus dem Buch „Die hohe Schule der Hypnose" von Kurt Tepperwein irgendwelche Sätze in der Suchmaschine „Google" ein, findet man zig Plagiate ohne Quellennachweis, inklusive den Quellen aus den zwanziger Jahren, von denen Kurt Tepperwein wortwörtlich abgeschrieben hat. Während Tepperwein noch aus alter Literatur abgekupfert hat, wird heute aus neuen Quellen plagiiert. Genau diese Kopien unsinniger Ideen sorgen dann für sehr zweifelhafte Lehrmeinungen. Doch waren unsere Vorfahren wirklich so dumm, dass sie gewisse Dinge nicht bemerkt haben?

- **Das Unterbewusstsein kennt keine Negationen**

Glaubt man moderner Literatur, kennt das Unterbewusstsein die Worte „nein" und „nicht" nicht. Ebenso muss man jegliche Negationen vermeiden und selbst Worte wie „Entspannung" wären verboten, da ja hier „Ent-" und „Spannung" vorkommen. Selbstverständlich wird es auch sofort für jeden nachvollziehbar erklärt, warum das so ist: „Denke nicht an einen rosa Elefanten!" heisst der Satz. Was geschieht? Selbstverständlich erscheint das exotische Tier ähnlich der lila Kuh vor dem geistigen Auge. „Siehst Du! Dein Unterbewusstsein kann keine Negationen verarbeiten!" ... und viele glauben daran ohne je darüber nachzudenken. Das führt dazu, dass man stunden- oder tagelang vor Suggestionstexten sitzt um jegliche Negation herauszufiltern. Es entstehen Wortkonstrukte, die kein Unterbewusstsein dieser Welt mehr versteht und kein Hypnotiseur, der diesen Unsinn glaubt, wird je auf die Idee kommen, bei einer Hypnosesitzung ernsthaft frei reden zu wollen.

Doch wie komme ich darauf, diese doch so nachvollziehbare und von vielen Akademikern vertretene Meinung zu kritisieren? Zunächst einmal glauben die Autoren ja anscheinend selbst nicht, was sie von sich geben, wenn sie in einem späteren Kapitel erklären, wie man mit Fingerbewegungen das Unterbewusstsein befragen kann und dieses zwei Antworten geben kann: „Ja" und **„Nein"**, also eine Antwort, die es gar nicht kennen darf. Dann kommt noch hinzu, wie manche Akademiker „Wissenschaft" auslegen. Wenn ich zu einer Person im hellwachen Zustand sage „Denke jetzt **nicht** an einen rosa Elefanten", dann kommuniziere ich logischerweise mit dem Wachbewusstsein. Nun wird „wissenschaftlich korrekt" daraus gefolgert, dass das Unterbewusstsein keine Negationen versteht. Das ist natürlich ein horrender Unsinn. Jedoch muss man einen Text auch verarbeiten und nicht nur konsumieren, um die Denkfehler zu erkennen.

Fazit: Das Unterbewusstsein kann Negationen problemlos verarbeiten, wie meine Erfahrungen der letzten Jahrzehnte und nach tausenden Hypnotisanden zeigen. Jedoch werde ich Suggestionen selbstverständlich positiv formulieren, genau so, wie ich dem Taxifahrer erkläre, wohin ich fahren möchte und nicht wo ich überall nicht hinfahren will. Wenn es beispielsweise um Einschränkungen geht, kann ich jedoch problemlos auch Negationen verwenden, wie z.B.: *„Du lässt Dich durch nichts stören. Du hörst nur noch meine Stimme und alles andere um Dich herum wird völlig unwichtig."*

- **Der Mensch wird in Hypnose niemals irgend welche Dinge tun, die er im normalen Zustand nicht auch tun würde.**

Es ist ein Mythos, der insbesondere wieder von den Vertretern der „klinischen-" oder „modernen Hypnose" geschürt wird. Dabei haben diese Personen aus ihrer Sicht sogar Recht, denn mit deren Methoden ist es tatsächlich kaum möglich, da der notwendige tiefe Trancezustand kaum erreicht wird. In tiefer Hypnose jedoch stellt es kein Problem dar, mit Hilfe einer Halluzination einen Menschen zu allen Dingen zu bewegen. Wichtig ist hierbei nur, dass man den Hypnotisanden mit Hilfe von Suggestionen in eine Situation bringt, in der er das Gewünschte tun würde.

- **Jede Hypnose ist eine Selbsthypnose!**

Der Erfinder der Psychoanalyse, Sigmund Freud, war es, der diese Erkenntnis hatte, die auch heute noch gefeiert wird, da man über solche Erfindungen des Geistes nicht mehr nachdenkt, wenn eine sie aus der Feder einer Koryphäe stammt. Ähnlich wie die meisten Menschen der Meinung sind, dass die Relativitätstheorie bewiesen ist. Was, wie allein das Wort „Theorie" besagt, nicht der Fall ist. Mit Hilfe der klassischen Hypnose kann man problemlos Zustände hervorrufen, die der Hypnotisand unmöglich selbst steuern oder kontrollieren kann. Die Kontrolle ist in diesem Fall nahezu ausschließlich in den Händen des Hypnotiseurs. Daran ändert auch nichts, dass sehr viele Autoren wieder nachplappern, was einer vorgesagt hat.

- **Eine Hypnose ohne Zustimmung ist unmöglich.**

Auch wenn ich persönlich jegliche Hypnose ohne oder sogar gegen den Willen des Hypnotisanden ablehne, bedeutet es nicht, dass es nicht funktioniert. Es gibt sogar Techniken, die speziell darauf bauen, dass der Hypnotisand nicht damit rechnet hypnotisiert zu werden. Hierzu mehr im Kapitel „Hypnoseinduktionen".

- **James Braid war ein englischer Augenarzt, der das Wort „Hypnose" erfunden hat.**

Es stimmt anscheinend, dass James Braid so hiess und das er sich als Arzt und Chirurg auch auf Augen spezialisierte. Jedoch wird jeder Schotte ein Problem damit haben, als Engländer tituliert zu werden. Noch viel schwerwiegender ist jedoch eine Aussage, die man derzeit in allen Lexika findet. Nämlich, dass James Braid das Wort „Hypnose" erfunden hätte. Wie aus einem alten deutschen Fremdwörterbuch hervorgeht, existierte der Begriff bereits viel länger. Wenn bereits im Kleinen solche Fehler begangen werden, wie sieht es dann im Großen aus? Wie soll man überhaupt noch erkennen, was richtig und was falsch ist? Nun, Vertrauen ist gut. Kontrolle ist besser und führt häufig zu neuen Erkenntnissen.

Hypnose f. 'Einschläferung' älter Hypnosis (Heyse⁵ 1829), junge Bildung, gleichsam ein griech. ὕπνωσις zu dem lat.-griech. hypnoticus, woher unser **hypno-tisch** (1780 Magazin f. Apotheker II Anmerkungen über die Vorschrift des Hypnotischen Pulvers). Die Wörter **Hypnotismus** und **hypnotisieren** sind Schöpfungen des englischen Arztes James Braid, der 1843 zuerst hypnotism und hypnotize anwendete (vgl. das NEDict. V 505).

- **Showhypnose ist Gruppenzwang.**

Auch diese Aussage stammt von Akademikern, bzw. wird insbesondere von diesen immer wieder veröffentlicht. Man muss sich dabei einmal vor Augen führen, dass eben diese Personengruppe, die solche Behauptungen aufstellt in der Regel noch nie eine Showhypnose durchgeführt hat. Mit der selben Legitimation könnte ich irgendwelche haarsträubenden Aussagen über Gehirnoperationen machen. Es gibt hierbei nur einen Unterschied. Dem Herrn Akademiker wird geglaubt, da wir bereits so erzogen werden. Das anerzogene Obrigkeitsdenken sorgt damit gleichzeitig für die Verbreitung von Unsinn. Interessanterweise ist das Thema „Doktorarbeit" in diesem Moment, in dem ich diese Zeilen schreibe, auch sehr aktuell. So geht es ja gerade um das angebliche Plagiat des Herrn zu Guttenberg. In dieser Diskussion hört man immer wieder, dass es anscheinend schon fast zum guten Ton gehört, abzuschreiben. Aber ist das Wissenschaft? Und insbesondere... solchen Menschen schenken wir wirklich häufig und häufig uneingeschränkt Glauben?! Sollten wir nicht wirklich zuerst einmal den Kopf einschalten, bevor wir uns von irgendwelchen Titeln blenden lassen?

Jeder Hypnotiseur, der mit klassischer Hypnose arbeitet und erfahren hat, wie schnell und einfach ein tiefes Hypnosestadium induzierbar ist, kann jedenfalls das Gegenteil beweisen.

Ein ganz besonderes Beispiel dieses Wahnsinns war in dem unter http://www.hypnose-dgh.de/ intern.htm ehemals öffentlich zugänglichen Protokoll der Mitgliederversammlung der Deutschen Gesellschaft für Hypnose e.V. vom 21.03.2003 zu lesen (Namen wurden unkenntlich gemacht):

„Zum Thema Bühnenhypnose und der möglichen „Entlarvung" eines Showhypnotiseurs im Rahmen des DGH-Forums des Jahreskongresses 2004 wird kontrovers diskutiert.

Dipl.-Psych. W. S. und Dr. R. melden starke Bedenken an.

Frau Dr. S. regt an, zusammen mit einem Showhypnotiseur auch den Kollegen Toni F. einzuladen, der als ausgezeichneter Zauberkünstler in der Lage ist, die Tricks des Showhypnotiseurs offen zu legen und ihn so zum Objekt der öffentlichen Blamage und Belustigung zu machen.

Frau Dipl.-Psych. H. berichtet davon, dass sie kürzlich die Möglichkeit gehabt habe, den Showhypnotiseur P. in der Dortmunder Westfalen Halle bei einem Auftritt zu sehen. Es sei eine Horrorvorstellung, dass ein derartiger Scharlatan durch den Auftritt im Rahmen des Forums in die Lage versetzt werde, anlässlich dieser oder ähnlicher Veranstaltung mit dem Prädikat „schon bei der Deutschen Gesellschaft für Hypnose aufgetreten" für sein zweifelhaftes Theater zu werben."

Sehr schade, dass es nicht zur Blamage der Damen und Herren Diplom-Irgendwas gekommen ist. Dies wäre der zwingende Erfolg der Angelegenheit gewesen. Auch wenn ich persönlich das Fachwissen dieses Showhypnotiseurs sehr anzweifle, kann er doch sehr tiefe Trancezustände problemlos und blitzschnell erzeugen. Wann ein Umdenken stattfindet, werden wir abwarten müssen.

- **Tiefe Trancezustände sind in der Therapie zu vermeiden.**

Sogar bei Ausbildungen zum Thema „Therapeutische Hypnose" wird häufig gesagt, dass tiefe Trancezustände zu vermeiden sind, oder bewusst vermieden werden. Diese Sprüche haben jedoch nur dann Sinn, wenn der Hypnotiseur selbst keine Ahnung von tiefer Trance hat und dieses Unwissen so taktisch überspielt. Über etwas was zu vermeiden ist, muss man nicht reden. So einfach ist das. Die tollste Begründung, die mir hierzu zugetragen wurde, war: „In einer tiefen Hypnose kann sich der Hypnotisand nicht erinnern und wie schaut denn das aus, wenn man hinterher das Gefühl hat, eine Stunde geschlafen zu haben!".

Fakt ist, dass eine tiefe Trance zwar nicht notwendig ist für eine therapeutische Hypnose, wenn sie aber eintritt, ist der Zustand jedoch durchaus wünschenswert, da Suggestionen umso intensiver und länger anhaltend eintreten. Im Rahmen einer analytischen Hypnose, Regression oder Reinkarnation ist dieser Zustand sogar sehr erwünscht, da die Informationen, die man erhält, nahezu frei von Artefakten aus dem Wachbewusstsein sind. Somit kommen die Aussagen direkt aus dem Unterbewusstsein des Hypnotisanden. Einer eintretende Amnesie (Gedächtnisverlust) kann man problemlos mit der Suggestion: *„Du kannst Dich jetzt an alles erinnern, was innerhalb der letzten Stunde (z.B.) geschehen ist und was Du selbst gesagt und erlebt hast."*, begegnen.

Voraussetzungen eines guten Hypnotiseurs

Welche Faktoren beeinflussen die Hypnotisierbarkeit ausgehend vom Hypnotiseur?

Kann man Hypnotisieren lernen? Das ist eine der meistgestellten Fragen und sie ist selbstverständlich mit „grundsätzlich ja" zu beantworten. Es gibt jedoch gute und schlechte Hypnotiseure, ebenso wie es in jeder Berufssparte gute und weniger gute Vertreter gibt. Einen guten Vertreter der Zunft erkennt man an folgenden Kriterien:

- *Intelligenz*

    Ein Hypnotiseur, der mehr als nur durchschnittlich sein möchte, benötigt Intelligenz. Es geht hierbei weniger um die Techniken der Hypnoseinduktion, sondern vielmehr um die Umsetzung von Suggestionen. Diese müssen auf jeden Fall gut durchdacht sein. Weitsicht und Intelligenz sind daher sehr wichtige Voraussetzungen für jeden Hypnotiseur. Kompetenz und Intelligenz gehören bei einem Hypnotiseur grundsätzlich zusammen.

- *Selbstbewusstsein*

    Stellen Sie sich den Arzt vor, der aschfahl vor Ihnen steht und sagt: „Ich versuche jetzt einmal, Ihnen eine Spritze zu geben…". Sicher würden Sie sich in diesem Moment umdrehen und fluchtartig die Praxis verlassen. Ähnlich verhält es sich sicherlich auch bei einem Hypnotiseur, der mit den Worten „Ich versuche jetzt einmal eine Hypnose bei Ihnen" beginnt. Die Erwartungshaltung des Hypnotisanden wird sofort negativ und die Hypnose wird mit an Sicherheit grenzender Wahrscheinlichkeit nicht mehr funktionieren. Viel erfolgreicher ist der Hypnotiseur, der keine Zweifel am Gelingen lässt und selbstbewusst und freundlich auf den Hypnotisanden zugeht.

In früheren Zeiten haben Hypnotiseure immer wieder versucht, den Status eines Magiers aufrecht zu erhalten. Ich kann mich gut an die Aussage eines Showhypnotiseurs in einer Talkshow erinnern: „Das habe ich bei einem Mönch in Tibet gelernt...". Auch zu meinen Entertainmentzeiten war es noch an der Tagesordnung, sich als etwas Besonderes darzustellen. Es wurde einfach erwartet und es war auch notwendig, um einen Status aufrecht zu erhalten, mit dem man im Entertainmentbereich Geld verdienen kann. Aus der Sicht des Hypnotisanden ist es jedoch klar. Wer wird sich von einer Person hypnotisieren lassen, der man entweder die Technik der Hypnose oder den richtigen Umgang damit nicht zutraut?

- *Einfühlungsvermögen*

Obwohl es eine Technik darstellt, jemanden zu hypnotisieren, gehört auch eine große Portion Einfühlungsvermögen dazu. Der Hypnotiseur ist kein Maurer, der mit Steinen arbeitet. Er ist, insbesondere im Bereich der Lebensberatung oder Therapie, ein Mensch, dem innerste Geheimnisse offenbart werden. Der Hypnotiseur, der sich gut auf seinen Klienten einstellen kann, wird wesentlich erfolgreicher sein, als der 0-8-15 Hypnotiseur, der Jeden nach Schema F bedient. Auch im Bereich des Entertainments ist Einfühlungsvermögen extrem wichtig. Das Publikum bei öffentlichen Veranstaltungen ist in jedem Regierungsbezirk anders. Häufig muss man nur das Lokal wechseln, um ein völlig anderes Publikum vor sich zu haben. Ein falsches Auftreten vor dem Publikum kann den Erfolg der gesamten Veranstaltung beeinträchtigen. Insgesamt ist Einfühlungsvermögen in die Situation und in den Hypnotisanden ein extrem wichtiges Kriterium für den Erfolg einer jeglichen Hypnose.

- *Verantwortungsbewusstsein*

Hypnose ist kein Spielzeug. Die Möglichkeiten, die sich mit Hypnose bieten, sind so extrem, dass wir noch keine Grenzen gefunden haben. Aus diesem Grund ist großes Verantwortungsbewusstsein angezeigt. Jeder Hypnotiseur muss sich völlig darüber im Klaren sein, welche Verantwortung er trägt, wenn er im Unterbewusstsein des Menschen „herumprogrammiert". Es geht nicht darum, einfach irgendwelche Suggestionen ungeprüft abzulesen. Der gute Hypnotiseur weiß immer, welche Verantwortung er trägt und er wird sich entsprechend verhalten.

- ***Ruhige, klare Stimme***

Es gibt Hypnoseinduktionen ohne Worte, jedoch wird man nur selten ohne die eigene Stimme auskommen. Eine klare, ruhige Stimme ist bei der Hypnose sehr wertvoll. Auch sollte man auf die Aussprache achten. Wichtig ist ebenfalls die fehlerfreie Aussprache. Aus diesem Grund ist es grundsätzlich ratsam, von Dialekten und Umgangssprache Abstand zu halten.

- ***Ordentliches Aussehen und Auftreten***

Es sollte als selbstverständlich gelten, dass man als Hypnotiseur für viele Menschen auch eine Respektperson darstellt. Die Erwartungshaltung erfüllt man dahingehend am besten, wenn man sich ordentlich, aber nicht übertrieben, kleidet. Hierbei sollte man sich aber auch wohl fühlen, damit die eigene Kleidung nicht von der Hypnose ablenkt.

- **Ruf und soziale Stellung**

Ein guter Ruf und eine ordentliche soziale Stellung sollten selbstverständlich sein.

- **Sicherheit im Umgang mit den Hypnosetechniken**

Ein Hypnotiseur, der zur Hypnosesitzung von einem Blatt Papier ablesen muss, oder gar eine CD einlegt, ist selbstverständlich unmöglich. Der Hypnotisand erwartet selbstverständlich einen sicheren Umgang mit den Techniken. Jede Unsicherheit wird sich auf die Hypnotisierbarkeit des Hypnotisanden auswirken.

- **Die eigene Fähigkeit, in Trance zu gehen**

Jeder wirklich gute Hypnotiseur wird bei einer Hypnosesitzung selbst in einen zumindest leichten Trancezustand gehen. Das verstärkt die Bindung zum Hypnotisanden.

VORAUSSETZUNGEN EINES GUTEN HYPNOTISANDEN

Welche Faktoren beeinflussen die Hypnotiserbarkeit ausgehend vom Hypnotisanden?

-   *Intelligenz*

    Während der Hypnotiseur seine Intelligenz einsetzen muss, um die Hypnose richtig zu leiten, sind es bei Hypnotisanden Erfahrungswerte. Grundsätzlich ist Intelligenz immer hilfreich, wenn auch nicht zwingend notwendig. Ein intelligenter Mensch kann den Suggestionen des Hypnotiseurs besser folgen und Folge leisten.

-   *Vertrauen*

    Ein Slogan, den wir in der Hypnoseakademie seit Jahren verwenden, ist: „Hypnose ist Vertrauenssache!". Das trifft den Punkt insbesondere im Bereich der Therapie sehr gut. Man kann es nicht pauschalisieren, da es auch Hypnosetechniken gibt, die nicht auf Vertrauensbasis aufgebaut sind. Grundsätzlich sollte jedoch der Hypnotisand Vertrauen zum Hypnotiseur haben und umgekehrt, der Hypnotiseur zum Hypnotisanden. Wenn dieses beidseitige Vertrauen nicht vorhanden ist, sollte man zumindest keine therapeutische Hypnose durchführen.

- **Konzentrationsfähigkeit**

    Einige Hypnoseinduktionen (z.B. die Fixationsme-
    thode) bedürfen einer guten Konzentrationsfä-
    higkeit. Daher ist es grundsätzlich nie schädlich,
    wenn der Hypnotisand eine gute Konzentrations-
    fähigkeit besitzt.

- **Bildhaftes Vorstellungsvermögen**

    Die Sprache des Unterbewusstseins besteht aus
    Bild und Emotion. Je besser der Hypnotisand in
    der Lage ist, Suggestionen in eigene Bilder umzu-
    setzen, umso besser wird auch die Hypnose funk-
    tionieren. Das bildhafte Vorstellungsvermögen ist
    sicher hilfreich, jedoch nicht zwingend notwendig.

- **Positive und negative Vorerfahrungen**

    Ein Hypnotisand, der bereits positive Erfahrungen
    mit der Hypnose gemacht hat, wird auch positiv in
    eine neue Sitzung gehen. Entsprechendes gilt bei
    negativen Vorerfahrungen.

- **Sitzende oder liegende Position?**

    Vor einer Hypnosesitzung sollte man klären, ob
    der Hypnotisand in sitzender oder liegender Po-
    sition hypnotisiert werden möchte. Insbesonde-
    re die liegende Postion wird manchmal nicht ge-
    wünscht. Die stehende Position wird man in der

Regel nur bei Showhypnoseeinlagen wählen.

- *Fähigkeit, die Kontrolle abzugeben*

    Eines der größten Probleme, eine tiefe Hypnose zu erreichen, ist die Fähigkeit die Kontrolle abzugeben. Solange der Hypnotisand versucht, die Hypnose oder den Hypnotiseur zu kontrollieren, wird eine tiefe Hypnose eher schwierig sein.

- *Zuschauer bei der Hypnose*

    Es ist nicht jedermanns Sache, sich dabei zusehen zu lassen, wenn man gerade hypnotisiert wird. Das gilt gleichermaßen für fremde und für bekannte Personen. Jeder unbeteiligte Zuschauer kann Hemmungen auslösen. Hypnose ist eine sehr vertrauliche Angelegenheit und hier können zusehende Personen extrem störend wirken, selbst wenn das offiziell vom Hypnotisanden so gewünscht wird.

- *Fähigkeit, Störungen auszublenden*

    Den Raum ohne jegliche Störungen wird es in der Praxis nicht geben. So kommt auch die Fähigkeit, Störungen ausblenden zu können, hinzu. Wer sich nicht stören lässt, ist auch leichter zu hypnotisieren.

GEFAHREN DER HYPNOSE

Wie alles was wirkt, hat natürlich auch die Hypnose mehrere Seiten. Während sie zum Beispiel zur Belustigung, zur Hilfe im medizinischen Bereich, zur Lebenshilfe oder auch zur Erzeugung paranormaler Phänomene eingesetzt wird, bestehen jedoch grundsätzlich auch vermeidbare Gefahren, auf die ich im Folgenden hinweisen möchte.

Grundsätzlich können mit der Hypnose körperliche und auch psychische Schäden angerichtet werden. Man darf jedoch nicht vergessen, dass eine ordentlich durchgeführte und richtig aufgelöste Hypnose für den Hypnotisanden ungefährlich ist, sofern man einige wenige Dinge beachtet. Zur Vermeidung von Gefahren sollte man sie jedoch kennen, daher möchte ich auf verschiedene Punkte näher eingehen.

- **Physische oder psychische Schäden, die vom Hypnotiseur selbst und vorsätzlich verursacht werden**

  Lange Zeit war das Bild der Hypnose in den Medien von der sogenannten „kataleptischen Brücke" bestimmt. Hierbei wird die hypnotisierte Person zunächst in den Zustand der Katalepsie (Starre) gebracht und dann meist über zwei Stühle oder gar Stuhllehnen gelegt. Als Höhepunkt steigt der Hypnotiseur zum Erstaunen des Publikums häufig auch noch auf den Körper drauf. Während das Mindeste, was der Hypnotisand davonträgt, ein ordentlicher Muskelkater ist, weidet sich der Hypnotiseur am zweifelhaften Ruhm. Ich habe persönlich häufig miterlebt, dass der Proband vor der zweifelhaften Aktion in keiner Weise über irgendwelche körperlichen Gebrechen befragt wurde. Häufig hat es die Hypnotiseure nicht interessiert, ob eventuell eine Schwangerschaft vorliegt, ob die Person kurz vorher eine Operation mit frischer Narbe hatte, Wirbelsäulen-, Hüft- oder andere Probleme vorliegen, oder gar die seltene Glasknochenkrankheit. Weitere verwerfliche Dinge waren und sind jegliche Art von direkter Körperverletzung, wie z.B. Nadeln, die ohne vorherige Zustimmung durch verschiedene Körperteile gesteckt werden, oder Rasierschaum in der Eistüte. Selbstverständlich verzichten jede ordentlich durchgeführte Showhypnose und natürlich auch jegliche Hypnosetherapie auf solche extrem gefährlichen Effekte.

- **Kreislaufkollaps aufgrund extremer Blutdrucksenkung oder Herz-/Kreislauferkrankungen**

Im Rahmen der Hypnose werden verschiedene Vitalwerte beeinflusst. Sehr wichtig hierbei sind Puls und Blutdruck, da diese Werte gesenkt werden können, was im Extremfall bis zum Kreislaufkollaps führen kann. Diese Gefahr sollte man nun nicht überbewerten. Mir ist kein einziger Fall bekannt, bei dem eine Person im Rahmen einer Therapie hierdurch zu Schaden gekommen wäre. Bei Showhypnosen hingegen, bzw. bei Induktionstechniken, die im Stehen durchgeführt werden, besteht eine grundsätzliche Gefahr. Aus diesem Grund muss der Hypnotiseur zumindest darauf gefasst sein, dass sein Proband Kreislaufprobleme bekommen könnte. In diesem seltenen Fall ist selbstverständlich sofort Erste Hilfe zu leisten. Wenn der Hypnotisand noch ansprechbar ist, ist die Hypnose, nachdem Puls und Blutdruck suggestiv erhöht wurden („Du spürst nun, wie sich Puls und Blutdruck wieder normalisieren / Du spürst nun, wie Puls und Blutdruck auf normale Werte ansteigen").

- **Gefahr durch plötzliche Tiefenentspannung**

Gefahr durch Entspannung? Seit wann ist Entspannung denn gefährlich? Im Rahmen von Hypnoseinduktionen, die im Stehen durchgeführt werden, kann es sehr wohl gefährlich werden. Jegliche Hypnoseinduktion kann plötzlich und unerwartet zu einer völligen Entspannung und somit zum körperlichen Zusammenbrechen führen. Aus diesem Grund sollte(n) grundsätzlich eine oder mehrere Person(en) bereitstehen, um in einem solchen Fall helfen zu können.

- **Direkte oder indirekte Beeinflussung von Körperfunktionen**

Insbesondere in tiefer hypnotischer Trance (Somnambulismus) ist die direkte oder indirekte Beeinflussung von Körperfunktionen zwar möglich, jedoch unbedingt zu unterlassen. Der menschliche Körper ist wesentlich mehr als die Summe seiner Organe und man kann großen Schaden anrichten, wenn man an einzelnen Körperfunktionen oder Organen „dreht", insbesondere wenn man keine oder nur wenig Ahnung von den physiologischen Zusammenhängen hat. Eine Ausnahme hierbei ist die erwünschte Normalisierung von Puls und Blutdruck, wobei jedoch auch hierbei keinerlei Zahlenwerte angegeben werden. Vorsicht ist auch geboten, wenn die körpereigene Regulation, z.B. der Körpertemperatur, gestört wird. So kann die Suggestion von Wärme dann einen Schaden anrichten, wenn es tatsächlich sehr kalt ist, da die Suggestion zur Erweiterung der Blutgefäße und damit auf Dauer zur Unterkühlung des Körpers führt. In der Schulmedizin werden häufig Medikamente gegeben, um bestimmte Organe in der Funktion zu drosseln oder zu aktivieren. Beispiele sind hier Bauchspeicheldrüse oder Schilddrüse. Die direkte hypnotische Beeinflussung dieser Organe kann verheerende Folgen auf den ganzen Organismus haben und ist daher auf jeden Fall zu unterlassen.

- **Überanstrengung durch hypnotische Beeinflussung**

Insbesondere im Bereich des Sports ist extrem darauf zu achten, dass durch die Hypnose keine körperlichen Grenzen überschritten werden. Der Körper verfügt über Kraftreserven, die im Falle der Todesangst aktiviert werden können, um den Menschen vor dem Tod zu retten. Diese Reserven können theoretisch mit entsprechenden Suggestionen aktiviert werden. Da es hierbei jedoch grundsätzlich auch zu schlimmen Verletzungen kommen kann, sind derartige Aktivitäten hoch gefährlich. Während wir im normalen Wachzustand noch Schutzmechanismen besitzen, die eine Überanstrengung verhindern, werden diese durch die Hypnose eventuell außer Kraft gesetzt. Aus diesem Grund ist es im Bereich der Sporthypnose unbedingt notwendig, die körperlichen Grenzen des Athleten zu kennen. Diese dürfen keinesfalls überschritten werden.

Ein Beispiel wäre ein Gewichtheber, der beispielsweise 180 kg stößt und damit im Kopf an

seiner Grenze angelangt ist. Rein körperlich wären jedoch 190 kg durchführbar. Mit Hilfe ent-
sprechender Suggestionen ist es nun möglich,
diese Blockade im Kopf zu durchbrechen, mit
dem Erfolg, dass der Gewichtheber 190 kg stößt.
Wenn der Hypnotiseur die körperlichen Grenzen jedoch nicht kennt, oder ohne Rücksicht auf
Verluste das Meiste herausholen möchte, wird
er die Grenze durch Suggestion überschreiten.
Das Ergebnis sind dann möglicherweise Mus-
kelfaser- oder gar Sehnen-, bzw. Bänderrisse.

- **Panik oder Todesangst durch Vorsatz oder Fahrlässigkeit**

Ein großes Thema in unserer Gesellschaft ist
Angst. Während Angst einen Schutzmechanismus
darstellt, wird eine übertriebene oder grundlose
Angst als krankhaft eingestuft. Während mit Hyp-
nosetherapien Ängste behandelt werden können,
ist es auch sehr leicht möglich, gewollt oder ungewollt, Ängste zu erzeugen. Natürlich liegt es normalerweise nicht im Interesse des Hypnotiseurs,
den Hypnotisanden in Angst und Schrecken zu
versetzen. Doch kann dies selbst dann eintreten,
wenn Vorsichtsmaßnahmen getroffen wurden
und ein ordentliches Vorgespräch geführt wurde.
Beispielsweise kann die Suggestion „Du befindest

dich nun in Thailand am Strand" für den Einen die höchste Erfüllung darstellen und für den Anderen die größte Panik, wenn er z.B. den Tsunami im Jahr 2004 miterlebt hat. Wie extrem die Auswirkungen suggerierter Situationen sein können, haben wir in den 90er Jahren im Schlaflabor getestet. Angeschlossen an die komplette Messlatte (EKG, EEG, Atemfrequenz, Muskeltonus) habe ich zwei Versuchspersonen die Suggestion gegeben, dass sie im Flugzeug sitzen, dieses nun startet, die Reiseflughöhe erreicht und plötzlich die Triebwerke ausfallen. Der Puls stieg von 60 auf 140 Schläge pro Minute bis wir das Experiment abbrachen und ich die Triebwerke wieder anspringen ließ. Auch das EEG war für den Schlafforscher hochinteressant. Auf keinen Fall zur Nachahmung empfohlen, zeigte dieses Experiment eindeutig, dass Suggestionen Todesangst erzeugen können und diese auch gefährliche Züge annehmen kann, ganz abgesehen von dem Konfliktschock, den der Hypnotisand dabei erleidet. Es muss jedoch nicht gleich ein Flugzeugabsturz sein. Selbst einfache Suggestionen, wie „Du befindest Dich nun auf einem Rummelplatz", können Panik auslösen, wie es einem meiner Schüler geschehen ist. Die Dame, der diese Suggestion galt, ist auf einem Rummelplatz einer Vergewaltigung nur knapp entkommen und so kam auf der Stelle die Erinnerung und die entsprechende Emotion zum Vorschein.

- **Unklare oder mehrdeutige Suggestionen**

Ein Paradebeispiel für eine mehrdeutige Suggestion wurde von unglaublich vielen Autoren über-
nommen: „Dein Kopf ist ganz klar und frei". Auf den
ersten Blick mag diese Suggestion wenig spektakulär, ja sogar sehr hilfreich sein. Insbesondere wenn
man sie ungeprüft übernimmt und im Zustand der
tiefsten Trance gibt. So geschehen ca. 2003, als
mich einer meiner Schüler am Abend anrief und
mir völlig aufgelöst mitteilte, dass seine Probandin
nicht mehr weiß wie sie heißt, wo sie wohnt, wer
sie überhaupt ist. Sie wusste also gar nichts mehr.
Nur grundsätzliche Dinge, wie das Beherrschen der
deutschen Sprache waren noch vorhanden. Völlig verständlich, dass mein Schüler total aus dem
Häuschen war, insbesondere nachdem alle seine
Versuche der Rücknahme fehlschlugen. Erst eine
Regression mit einer regelrechten „Systemwiederherstellung", die ich ihm am Telefon erklärte,
brachte die Erinnerung wieder zurück. Für einen
ungeübten Hypnotiseur stellt diese Herausforde-
rung eine Katastrophe dar, für den Hypnotisanden
erst recht, da es völlig unklar ist, wie lange die Wirkung der Suggestion anhält. Wie es dazu kommen
kann, ist klar: Das Unterbewusstsein übersetzt
alle Suggestionen wortwörtlich und zwar in Bil-

der und Emotionen. Ein Kopf der „klar und frei" ist, kann also auch gedeutet werden wie ein Kopf, der „leer" ist, wie es in diesem Fall geschehen ist. Ein weiteres Beispiel, das mir selbst im Rahmen einer Showhypnose-Veranstaltung geschehen ist, möchte ich auch nicht vorenthalten. Ein Teilnehmer in tiefer Hypnose saß auf einem Stuhl (sein suggeriertes Motorrad), die Ohren seines Vordermanns als Lenker in der Hand. In der Trance fuhr er wie ein Rennfahrer Motorrad und ich feuerte ihn über Mikrofon und Lautsprecheranlage richtig an. Man muss sich das so vorstellen, dass er mit Tempo 250 auf einem suggerierten Motorrad unterwegs war. Plötzlich sprang er vom Stuhl auf. Ich war total irritiert, da ich das Bild eines Motorradfahrers vor mir hatte, der bei dieser Geschwindigkeit niemals abgesprungen wäre. Natürlich hatte die unerwartete Reaktion einen Grund. In meinem Elan habe ich ihm neben der Suggestion, ein tolles Motorrad auf der Autobahn zu fahren, in's Mikrofon gerufen: „Das ist ein ganz heißer Ofen!". Während dem Publikum natürlich nichts aufgefallen ist, hat sich der Hypnotisand in diesem Moment den Hintern verbrannt. Schwer zu sagen, welche Folgen hier zu erwarten gewesen wären. Möglicherweise hätte es auch eine physische Reaktion einer Brandblase geben können, wenn ich die Suggestion nicht sofort zurückgenommen hätte. Das ist aber auch wiederum das Gute bei der Hypnose. Es gibt kaum etwas, was man nicht zurücknehmen kann.

Es können auch eindeutige Suggestionen in der Hypnose völlig falsch durchgeführt werden. Hierzu muss man wissen, dass das Unterbewusstsein grundsätzlich bereit ist, einer Suggestion Folge zu leisten. Auch dann, wenn es das aus Unwissenheit möglicherweise gar nicht kann. Wenn man im Rahmen der Suggestion Wörter und Begriffe verwendet, mit denen der Hypnotisand nichts anfangen kann oder die er gar nicht versteht, versucht das Unterbewusstsein trotz allem etwas zu produzieren. Aus diesem Grund ist es wichtig, dass Suggestionen nicht nur akustisch richtig verstanden werden.

- **Allergie durch Suggestionen oder gegebene Lebensmittel**

Insbesondere zu Demonstrationszwecken werden häufig irgendwelche Lebensmittel, wie zum Beispiel Zitronen gegeben, nachdem vorher ein Pfirsich, o.ä. suggeriert wurde. Sehr eindrucksvoll ist es für den Zuschauer, wenn der Hypnotisand herzhaft in eine saure Zitrone beißt. Was einerseits wie ein toller Spaß aussieht und auch den letzten Zweifler überzeugen kann, ist spätestens dann kein Spaß mehr, wenn man ungewollt eine Allergie auslöst. Dies kann geschehen, wenn man vorher nicht nach Allergien oder Unverträglichkeiten fragt und entweder das Allergen gibt oder suggeriert.

- **Schäden durch falsch durchgeführte hypnotische Analgesie oder Anästhesie**

Unter Analgesie versteht man Schmerzlinderung, Anästhesie ist Schmerzausschaltung. Beides ist mittels Hypnose möglich und häufig auch erwünscht (zum Beispiel in der Zahnarztpraxis). Hier ist insbesondere die hypnotische Lokalanästhesie (örtliche Betäubung) gefragt. Nun ist auf den ersten Blick eine Schmerzlinderung oder -ausschaltung etwas erstrebenswertes. Man muss jedoch immer daran denken, dass der Schmerz in erster Linie ein Alarmsignal darstellt, eine Warnung des Körpers. Schmerz ist nicht dazu da, damit der Mensch leidet, sondern um ihn zu schützen. So würde zum Beispiel ein Mensch mit einer Bänderdehnung im Fuß nie auf die Idee kommen, einen Dauerlauf zu machen, weil es viel zu schmerzhaft wäre und aus der Dehnung mit Sicherheit ein größerer Schaden entstehen würde. Würde man dieser Person nun aus Unwissenheit oder falschem Hilfsbedürfnis heraus die Schmerzen nehmen, wäre die Schutzfunktion des Schmerzes ausgeschaltet und die Gefahr einer weitaus größeren Verletzung so gut wie sicher. Derartige Dinge sind bereits geschehen. Nach einer Körperkatalepsie im Rahmen einer Hypnoseshow humpelte die Dame, auf die der Hypnotiseur zur persönlichen Selbstbeweihräucherung drauf gestiegen war. Der Hypnotiseur sah dies und anstatt die Dame aufzufordern, das Knie untersuchen zu lassen, suggerierte er ihr völlige Schmerzfreiheit im Knie. Am Ende kam es dann zur Meniskusoperation. Dies hätte leicht vermieden werden können, wenn der Hypnotiseur die unverantwortliche kataleptische Brücke nicht durchgeführt hätte oder die Dame zumindest zum Arzt geschickt hätte, anstatt sein Unvermögen mit hypnotischen Mitteln zu vertuschen.

- **Schäden durch ungewollte Hypnose**

Es ist nahezu unmöglich, einen Computer durch einen Softwarefehler zu beschädigen oder gar zu zerstören. Ein irreparabler Schaden durch Hypnose ist mir bisher zwar nicht bekannt geworden, grundsätzlich kann es jedoch aufgrund fehlerhafter Suggestionen dazu kommen. Einer der gefährlichsten Umstände ist hierbei die ungewollte Hypnose, insbesondere da dieser Umstand auch durch Fahrlässigkeit seitens des Hypnotiseurs eintreten kann. Sehr häufig wird bei Hypnosesitzungen die so genannte „Fraktionierung" eingesetzt, also die unterbrochene Hypnose. In TV-Sendungen und

Hypnoseshows sieht man zum Beispiel häufig, wie die Probanden mittels Fingerschnippen oder einem Tipp an die Stirn in Hypnose versetzt werden. Hierbei handelt es sich um Suggestionen, die vorher gegeben wurden und in dem Moment eintreten. Dieser Trigger wird in aller Regel und bei ordentlicher Ausbildung grundsätzlich so gegeben, dass die Wirkung niemals plötzlich und ohne Kontrolle eintreten kann. Wenn dies doch geschieht, sei es aus Fahrlässigkeit oder Vorsatz, ist die Gefahr für den Probanden riesig groß. Ein Trigger, der plötzlich und unerwartet eine Hypnose auslöst, kann im schlimmsten Fall zum Tod des Hypnotisanden und unbeteiligter Menschen führen, wenn er zum Beispiel beim Autofahren eintritt. Aus diesem Grund ist immer sehr darauf zu achten, dass jegliche posthypnotischen Trigger immer und grundsätzlich unter Kontrolle des Hypnotiseurs oder auch des Hypnotisanden eintreten können.

- **Nicht zurückgenommene Suggestionen**

Posthypnotische Suggestionen, also Suggestionen, die auch im normalen Wachzustand weiterhin eintreten, werden sowohl in der Therapie als auch insbesondere bei Showhypnosen eingesetzt. Beispielsweise wäre eine Raucherentwöhnung ohne posthypnotische Suggestionen kaum denkbar. Es

werden jedoch manchmal zu Demonstrationszwecken, oder auch nur aus Spaß, Suggestionen
gegeben, die im normalen Leben nichts verloren
haben. Wenn solche Suggestionen nicht zurückgenommen werden, kann es zu folgenschweren
Schäden kommen. Stellen Sie sich beispielsweise einmal vor, es wird ein fürchterlicher Juckreiz
suggeriert, der immer dann eintritt, wenn der
Hypnotisand ein bestimmtes Lied als posthypnotischen Auslöser hört. Bei Bühnenshows gehören
derartige Suggestionen zum Standardprogramm.
Wenn am Ende der Veranstaltung eine ordentliche Hypnoseauflösung folgt, oder die Suggestion
örtlich und zeitlich begrenzt wurde, stellt das kein
Problem dar. Jedoch habe ich schon viele Bühnenshows verfolgt, in denen gar keine Auflösung der
Suggestion stattfand.

- **Drogen-, Medikamenten- oder Alkoholmiss-
brauch**

Der Hypnotisand sollte in Bezug auf Alkohol möglichst nüchtern sein und auf gar keinen Fall psychoaktive Drogen zu sich genommen haben. Während
ein zu hoher Alkoholpegel unter anderem auch die
notwendige Konzentration beeinträchtigt, kann
die vorherige Einnahme bewusstseinsverändern-
der Drogen oder Medikamente verheerende Folgen haben. Aus diesem Grund sollten Personen,

die nicht völlig nüchtern in Bezug auf psychoaktive Stoffe sind, nicht hypnotisiert werden. Auch das Suggerieren von Drogen oder Medikamenten aller Art ist auf jeden Fall zu unterlassen!

- **Medikamentierung und Sedierung**

In manchen Fällen, zum Beispiel bei Angstpatienten in der zahnärztlichen Hypnose, aber auch bei allgemeinen Eingriffen mit hypnotischer Anästhesie (Empfindungslosigkeit), werden zur besseren Hypnotisierbarkeit Medikamente aus dem Bereich der Benzodiazepine gegeben, da sie unter anderem angstlösend und entspannend wirken. Selbstverständlich dürfen derartige Medikamente **ausschließlich** von medizinischem Fachpersonal verabreicht werden. In diesem Fall ist aufgrund einer möglichen Hypotoxie (Sauerstoffmangel) ein Pulsoximeter anzuwenden, um eine ständige Kontrolle von Puls und Sauerstoffsättigung zu haben. Ebenso ist bei der Anwendung solcher oder ähnlicher Medikamente eine entsprechende Ausstattung notwendig, um im Extremfall sofort Sauerstoff zuführen zu können.

- **Anpusten durch den Hypnotiseur**

Lange Jahre habe ich mich gefragt, wie die üblichen Verdächtigen dazu kommen, von allen Arten der Fraktionierung eine der Dümmsten zu benutzen: „Wenn ich Dir ins Gesicht puste, bist Du hell-wach!". Häufig wird das auch noch mit einer Auf-wachphase verwechselt, was dann in der Regel zu Kopfschmerzen, Schwindelgefühl, Desorientie-rung, etc. führt (siehe auch „Falsche oder fehlende Auflösung"). Wenn man der Schulmedizin glaubt und der Infektions**theorie**, dann könnte diese Ak-tion sehr schwerwiegende Krankheiten übertra-gen. Doch auch wenn sich diese Theorie irgend-wann als falsch herausstellen sollte, ist es min-destens ekelhaft, wenn man den Atem fremder Menschen spürt. Es gibt tausende anderer Mög-lichkeiten der Fraktionierung (z.B. an der Schulter berühren, mit den Fingern schnippen), so dass es keine Option darstellt, jemandem ins Gesicht zu pusten.

Anfangs schrieb ich „habe ich mich gefragt". Rich-tig! Ich habe eine Erklärung für dieses Verhalten gefunden, wenn auch keine Rechtfertigung außer vorsätzlicher Dummheit. Im Rahmen meiner For-schungen zum „Father of Hypnotherapy" James Braid, habe ich auch dessen Werk „Neurypnolo-gy" von 1853 näher betrachtet. Hier beschreibt Braid nicht nur Phänomene, die wir auch aus der Showhypnose kennen, sondern auch, dass das Anpusten von kataleptischen Gliedmaßen die Ka-talepsie (Starre) aufhebt. Möglicherweise wurde dieses Phänomen überliefert und auf dumme Art und Weise umgesetzt. Daher bitte niemals nach-machen, auch wenn man diesen Unsinn auch heu-te noch häufig im TV beobachten kann.

- **Falsche oder fehlende Hypnoseauflösung**

Jede Hypnose bedarf einer ordentlichen Auflö-sung! Doch was ist eine ordentliche Hypnoseauf-lösung? Glaubt man dem Auftritt einer Diplom-psychologin vor Millionen Zuschauern im TV oder so manchen Showhypnotiseuren, dann genügt ein Fingerschnippen mit dem Ausruf „Hellwach!" oder „Du bist wieder im Hier und Jetzt!" (Wo bit-teschön???). Das ist Unsinn! Durch die Hypnose werden verschiedene Körperfunktionen beein-flusst. Damit Körper und Geist wieder in „nor-malen Parametern" funktionieren können und es nicht zu Problemen kommt wie Desorientierung, Übelkeit, Schwindelgefühl oder Kopfschmerzen, bedarf es einer ordentlichen Hypnoseauflösung, wie sie in diesem Buch beispielhaft im entspre-chenden Kapitel beschrieben ist. Nach einer or-dentlichen Hypnoseauflösung gibt es keine Pro-bleme und der Hypnotisand fühlt sich wohl. Fehlt diese Auflösung, wird sich meist zumindest Un-wohlsein einstellen. Ein dauerhafter Schaden ist jedoch nicht zu erwarten.

- **Absolute Kontraindikationen**

Ich halte es für schwierig, absolute Kontraindikationen zu definieren. Trotzdem sollte man auf jeden Fall den Nutzen abwägen, wenn man mit Personen arbeitet, die

- unter Psychosen leiden.

- unter dekompensierter Herzinsuffizienz leiden.

- unter unkontrollierbaren Anfallskrankheiten leiden.

- massive Herz- oder Kreislaufprobleme haben.

- unter Drogen-, Medikamenten- oder starkem Alkoholeinfluss stehen.

- nicht ausdrücklich selbst die Zustimmung zur Einleitung einer Hypnose gegeben haben. Dies wäre auch strafrechtlich relevant (Nötigung, Körperverletzung, etc.).

VERBRECHEN UNTER HYPNOSE
UND VERBRECHEN AN HYPNOTISIERTEN

Was am Anfang des 20. Jahrhunderts noch völlig klar war, ist heute laut offizieller Lehrmeinung unmöglich. Heute wird den Leuten offiziell suggeriert, dass ein Mensch in der Hypnose ausschließlich Dinge tut, die er im ganz normalen Wachzustand auch tun würde. Das bedeutet, dass es eigentlich keine Verbrechen unter Hypnose geben dürfte, denn der Hypnotisand würde laut Lehrmeinung nur mit seiner eigenen Zustimmung und somit selbst verantwortlich agieren.

Das ist nicht richtig! Verbrechen unter Hypnose sind möglich!

Die derzeit noch offizielle Lehrmeinung beruht auf den von Medizinern induzierten ganz leichten Trancen. In leichter oder auch in mittlerer Trancetiefe ist es tatsächlich kaum möglich, einen Menschen Dinge tun zu lassen, die er im normalen Wachzustand nicht tun würde. Ganz anders verhält sich das jedoch in tiefer Trance. Es ist für einen Hypnosetherapeuten natürlich leichter, seinem Klienten oder Patienten zu erzählen, dass nichts geschehen kann, denn Ängste sind grundsätzlich kontraproduktiv für eine Hypnose. Auf der anderen Seite ist es natürlich Unsinn, zu glauben, dass Hypnose ausschließlich Positives bewirken kann.

Es gibt nun zwei Möglichkeiten, Hypnose zu missbrauchen:

1.   Verbrechen unter Hypnose

2.   Verbrechen an Hypnotisierten

Verbrechen unter Hypnose

Es liegt mir absolut fern, an dieser Stelle eine Anleitung zu geben. Auf der anderen Seite wäre es vermessen, zu glauben, dass jemand, der Hypnose missbrauchen möchte, nicht an die notwendigen Informationen kommt. Hinzukommend fühle ich mich aufgrund der gesteuerten Desinformation verpflichtet, die Wahrheit zu veröffentlichen. Hypnose ist Vertrauenssache! Das muss jedem Menschen klar sein!

In tiefer Trance, dem sogenannten Somnambulismus, ist es grundsätzlich möglich, dem Hypnotisanden Halluzinationen aller Sinne zu suggerieren. Auf diese Weise kann man den Hypnotisanden grundsätzlich zu allen Dingen bewegen, also auch zu Dingen, die der Hypnotisand im normalen Wachzustand niemals tun würde. Inzwischen habe ich mehrfach im deutschen Fernsehen vorgeführt, dass es problemlos möglich ist, jemanden in tiefer Trance zu Dingen zu bewegen, die die Person normalerweise nie tun würde. Ein besonders heftiges Beispiel war nach einer ähnlichen Sache für RTL II, 1997, z.B. im Jahr 2001 in der ARD bei der Sendung „Report aus Mainz" zu sehen. Einer jungen Frau habe ich suggeriert, dass sie nun gleich, wenn sie die Augen aufmacht, in der Steppe ist und ein hungriger Löwe, der direkt vor ihr sitzt, sie fressen möchte. Sie öffnete ihre Augen und schoss mit einer Schreckschusspistole, die ich ihr im Rahmen der Suggestion überreicht hatte, sofort und mehrfach auf den Kameramann. Die Waffe war nicht geladen, es zeigte jedoch mehr als deutlich die Brisanz der Angelegenheit. Zwischenzeitlich wurde mein Vorstoß in dieser Richtung auch von anderen Kollegen, ebenfalls im deutschen Fernsehen, bestätigt. Es genügt demnach, den Hypnotisanden in eine Situation zu bringen, in der die gewünschte Tat als „normal" angesehen wird. So würde die Suggestion, dass sich der Hypnotisand vor einer Gruppe fremder Menschen ausziehen soll, sicher zur Beendigung der Hypnose führen. Die Suggestion, dass der Hypnotisand nun in seinem Badezimmer ist und das große Bedürfnis hat, zu duschen, würde hingegen mit Sicherheit genau zu diesem Ergebnis führen, denn es duscht sicher keiner angezogen...

Verbrechen an Hypnotisierten

Ebenso, wie es möglich ist, eine Person zu Dingen zu bewegen, die sie normalerweise niemals tun würde, so ist es möglich, Dinge zum Nachteil des Hypnotisanden zu suggerieren. Dies beginnt auch in früher Literatur bei sexuellen Übergriffen und endet bei überlieferten Mordversuchen von hypnotisierten Personen an anderen Menschen. Dazwischen ist das gesamte Spektrum denk- und auch machbar, von der Unterschrift unter Hypnose bis hin zu kompletter Mind-Control.

Dass solche Dinge in der heutigen Zeit geleugnet werden, mag mehrere Hintergründe haben. Aufgrund des Obrigkeitsdenkens hat es auch weiterhin Bestand. Vor Gericht haben Anschuldigungen, in der einen oder anderen Hinsicht, meist keinen Bestand. Genau aus diesem Grund ist dem Verbrechen an Hypnotisierten oder mittels hypnotisierter Personen auch grundsätzlich Tür und Tor geöffnet, sofern die Bevölkerung nicht über solche Möglichkeiten aufgeklärt ist.

Die öffentliche Meinung

Es gibt öffentlich sehr viele gegenteilige Meinungen. Die heutige Lehrmeinung besagt eben, dass ein Hypnotisand nur Dinge tut, die er im normalen Wachzustand auch tun würde und die totale Ignoranz einiger Kollegen sorgt für den Rest. „Es ist einfach falsch. Basta." Gleichzeitig wird völlig ignoriert, dass es zu früheren Zeiten, vor dem zweiten Weltkrieg sogar viele Gerichtsverfahren aus diesem Grund gab, wie zum Beispiel durch folgende Veröffentlichungen belegt ist:

Das Verbrechen in Hypnose und seine Aufklärungsmethoden, J. F. Lehmann, 1937

Verbrechen in Hypnose – Der Fall Franz Walter und zehn weitere Kriminalfälle, Editions Rencontre, 1967

Hypnose und Verbrechen, Ein Beitrag zur Phänomenologie der Suggestion und der Hypnose, Ernst Reinhardt Verlag, 1954

Das hypnotische Verbrechen und seine Entdeckung, Verlag der Academischen Monatshefte, 1889

Auszüge aus alter Literatur:

Auszug aus: „Die geheimen Mächte der Hypnose und Suggestion" von Dr. Evans Gordon, Dresden, Rudolphsche Verlagsbuchhandlung (1921):

„Im Strafrecht hat die Hypnose ebenfalls eine vielfältige Bedeutung gewonnen.

Zunächst ist zu bemerken, dass natürlich aus einer mit Einwilligung vorgenommenen Hypnose keinerlei strafrechtliche Folgen abgeleitet werden können, es müsse denn gerade ein erheblicher Kunstfehler im Sinne des § 230 des Strafgesetzbuches vorliegen, der eine dauernde Schädigung nach sich zog. Aber auch dann ist noch zweifelhaft, ob in diesem Falle eine strafrechtliche Ahndung eintreten kann. Eine Hypnose ohne Einwilligung kann zunächst als eine Freiheitsberaubung im Sinne des §239 des St.-G.-B. betrachtet werden, ist aber, wie auch aus unserer ganzen Darlegung hervorgeht, nur in dem sehr seltenen Falle denkbar, wo es sich um eine plötzliche Hypnose, erzielt durch jähe Überraschung handelt. Mehr schon ins Gebiet des Wirklichen kommen wir, wenn wir die Hypnose in Verbindung mit den § 176 Abs. 2 erwähnen, der vom Mißbrauch weiblicher Personen in einem willenlosen Zustande handelt. Vorgekommen sind wohl ganz vereinzelt solche Fälle, aber es bleibt sehr zu bedenken, daß weitüberwiegend die Angaben der betreffenden weiblichen Personen mit Recht nur mit größtem Mißtrauen aufzunehmen sind, weil Hysterie, Sinnestäuschung, Halluzinationen diesen Personen oft Vorgänge als geschehen erscheinen lassen, die in Wirklichkeit gar nicht geschehen sind. Jedenfalls geht aus der Möglichkeit, solchen Beschuldigungen ausgesetzt zu sein, die Verpflichtung hervor, niemals Hypnose an weiblichen Personen ohne das Beisein Dritter vorzunehmen.

Für den Strafrichter kommt auch die Möglichkeit in Betracht, daß ein Geständnis im hypnotischen Zustand (auf Autosuggestion beruhend) abgegeben ist, daß gar nicht der Wirklichkeit entspricht. Wir haben da sogar einen Fall eines Justizmordes, wo ein Angeklagter unterm Einfluß solcher Autohypnose einen Mord zugestand, den er in Wirklichkeit nicht begangen hatte. Bei seinem später eintretenden Klarheitszustand nahm man die natürlich erfolgende Ableugnung der Tat als Simulation und so wurde der Unglückliche gehängt. - ...."

Auszug aus „Hypnose und Suggestion Wunder - Macht - Verbrechen" von Professor Dr. Otto Gramzow, Falken-Verlag Erich Sicker, Berlin-Schildow (ca. 1933):

IX. Hypnose und Verbrechen

„Daß Hypnose und Verbrechen in bestimmten Verhältnissen miteinander verbunden sein können, leuchtet ohne weiteres ein. Drei Verhältnisse heben sich heraus, die aber manchmal ineinander übergreifen. Das erste Verhältnis als Verbrechen an Hypnotisierten zu bezeichnen. Hier kommen Sittlichkeitsverbrechen in Betracht, die fast ausschließlich von Laienhypnotiseuren an hypnotisierten weiblichen Personen begangen wurden. Der Heilmagnetiseur Szynsti brachte ein beschränktes Fräulein z.B. dazu, mit ihm in intime Beziehungen zu treten. Durch eine Scheintrauung, die er durch seinen Bekannten Martalski vornehmen ließ, fesselte er das Mädchen noch mehr an sich. Im Dezember 1894 wurde der Prozeß gegen Szynsti in München verhandelt. Vier Gutachter waren hinzugezogen. Grashey, v. Schrenk-Notzing und Preyer waren der Meinung, daß Szynsti die Liebe des Mädchens hypnotisch hervorgerufen habe, indem er ihm während der Hypnose erklärte, daß es liebe. Hirt dagegen meinte, daß der Hypnose hier wohl nur geringe Bedeutung zukomme. Nach dem gesamten Tatbestand muß man zu der Ansicht kommen, daß es sich um normale Liebe mit starkem sexuellem Untergrunde bei dem Mädchen handelte. Vielleicht hat Szynsti später diese Liebe durch Suggestion verstärkt. Ihm lag ja hauptsächlich daran, das Vermögen des Mädchens in seine Hände zu bekommen. Das Gericht verneinte das Vorliegen von Hypnose, sondern verurteilte Szynsti wegen der Scheintrauung usw. zu 3 Jahren Gefängnis. -

Der Heilkundige Castellan beeinflußte ein Mädchen suggestiv so, daß es in den Zustand der Willenlosigkeit geriet. Er schleppte es dann in ein anderes Zimmer und verging sich an ihm. Sie hatte zwar eine Empfindung von dem, was in ihr vorging, konnte sich aber nicht rühren und auch nicht rufen oder schreien. - Von Schrenk-Notzing berichtet einen ähnlichen Fall. Ein Naturheilkundiger hatte ein junges Mädchen zu Heilzwecken hypnotisiert. Nach dem Erwachen befand sie sich in einer ihr sonst unbekannten Aufregung , so daß sie Böses ahnte. Eine Erinnerung an das mit ihr vorgenommene hatte sie nicht. Sie ging zu v. Schrenk-Notzing, um von ihm Aufschluß über ihren Zustand zu erhalten. Er versetzte sie in eine neue Hypnose. Da kam ihr die Erinnerung an die Vorgänge, deren Opfer sie geworden war. - Solche Fälle müssen jede weibliche Person zu größter Vorsicht mahnen. Jedenfalls sollte jede verlangen, daß bei der Hypnose ein einwandfreier Dritter, etwa ein Verwandter oder Angehöriger, anwesend sei. Einen ganz schlimmen Fall berichtet Dr. med. Ludwig Mayer, Heidelberg, in seinem Buch ‚Das Verbrechen in Hypnose' (J. F. Lehmanns Verlag, München). Die 17-jährige Alice E. fuhr im Jahre 1927 nach Heidelberg, um sich wegen eines Magenleidens in ärztliche Behandlung zu begeben. Im Abteil lernte sie einen jungen Mann kennen, dem sie Mitteilung über den Zweck ihrer Reise machte. Dieser Mann stellte sich ihr als ein Arzt Dr. Bergen vor. In Wirklichkeit war er ein gewisser W., der aber hinlängliche Kenntnisse über Hypnose besaß. Durch hypnotische Experimente brachte er Alice E. in eine solche Abhängigkeit, daß er sie sieben Jahre hindurch in sexueller und pekuniärer Beziehung rücksichtslos ausnutzen konnte. 1932 verheiratete sich Alice E.. Ihrem Mann kam die fortgesetzte ärztliche Behandlung verdächtig vor und er verlangte energisch Aufklärung. Da machte der angebliche Dr. Bergen den Versuch, ihn durch Alice E. beseitigen zu lassen. Die Frau unternahm im hypnotischen Auftrag des Bergen in wenigen Monaten vier Mordversuche an ihrem Gatten, die nur zufällig nicht zum Ziele führten. Schließlich wurde der angebliche Bergen verhaftet und zu zehn Jahren Zuchthaus verurteilt."

Der Fall der Alice E. zeigt bereits das zweite Verhältnis zwischen Hypnose und Verbrechen: Der Verbrecher benutzt Hypnotisierte als Werkzeuge.

Wer das Verbrechen unter Hypnose und an Hypnotisierten leugnet, hat entweder keine Ahnung, oder er lügt bewusst! Würden Sie sich in die Hände einer solchen Person begeben?

Das bedeutet nicht, dass man es an die große Glocke hängen sollte. Mit einem Messer kann man töten. Trotzdem wird ein Messer in der Regel als Werkzeug benutzt und niemand wird vor einem Küchenmesser öffentlich warnen. Auf der anderen Seite wird aber auch keiner die potentielle Gefahr eines Messers leugnen. Das ist der große Unterschied.

Aussagen unter Hypnose – Hypnose als Lügendetektor?

Es gab eine Zeit im TV, da waren Talkshows im Fünferpack pro Sender im Nachmittagsprogramm an der Tagesordnung. Zwecks Treuetest, usw. wurden Lügendetektoren eingesetzt, mehrfach haben die Redaktionen jedoch auch bei mir angefragt, um Personen unter Hypnose zu befragen. Ich habe die Anliegen regelmäßig abgelehnt, da ich im TV keine Fakes zeigen wollte. Der Grund ist, dass man auch in Hypnose problemlos die Unwahrheit sagen kann. Erst im somnambulen Zustand ist es möglich, den Hypnotisanden halluzinatorisch in eine Situation zu bringen, in der er voraussichtlich die Wahrheit sagen würde. Die Problematik ist jedoch, dass im TV-Studio drei Personen befragt werden sollten, die demnach alle drei somnambul hätten sein müssen. Die Gefahr, dass so etwas nicht funktioniert, ist zu groß, und aus diesem Grund habe ich diese Aktionen abgesagt.

Vor deutschen Gerichten gelten Aussagen unter Hypnose grundsätzlich als nicht zulässig.

Gut einsetzen kann man Hypnose indes bei Zeugenaussagen. Aufgrund der stark gesteigerten Erinnerung ist es möglich, dass sich Zeugen an Einzelheiten (zum Beispiel Autokennzeichen) erinnern, an die sie im normalen Wachzustand keine Erinnerung hatten. Selbstverständlich können diese Aussagen nur als Hilfe für die Ermittlungsarbeit herangezogen werden. Gerichtsverwertbar sind solche Aussagen, wie bereits erwähnt, nicht.

Kann Hypnose eine Straftat darstellen?

Die rechtliche Würdigung der Hypnose ist derzeit nicht völlig durchsichtig. Ich möchte aus diesem Grund einen Online-Aufsatz von Rechtsanwalt Michael Gerke aus Ratingen hinzuziehen (HRRS Onlinezeitschrift für Höchstrichterliche Rechtsprechung im Strafrecht, Ausgabe August/September 2009, S. 373 ff.). Rechtsanwalt Gerke beschreibt in seinem Aufsatz, dass je nach Einsatz der Hypnose verschiedene Paragraphen des Strafgesetzbuchs zum Einsatz kommen könnten. So zum Beispiel Körperverletzung, Freiheitsberaubung und Nötigung. Eine Hypnose ohne oder gegen den Willen des Hypnotisanden kann daher Geld- oder sogar eine Freiheitsstrafe nach sich ziehen. Eine weder fraktionierte, noch aufgelöste Hypnose könnte sogar als eine strafbare „Aussetzung" geahndet werden.

Grundsätzlich gilt jedoch, Strafrecht hin oder her, dass man für alles was man tut, selbst verantwortlich ist!

Die Erwartungshaltung – die halbe Miete!

Es gibt so manche Philosophien in meinem Leben. Eine ist: „Wenn das andere können, gibt es keinen Grund, dass ich das nicht auch kann!". So habe ich damals, als ich begonnen habe, zu hypnotisieren, alle Menschen total überrascht mit dieser „Gabe". Sie wussten nicht, dass es eine Technik ist. Alle waren der Meinung, dass es sich um eine seltene Gabe handeln müsse. Das wurde ja damals auch publikumswirksam von den meisten Showhypnotiseuren so in die Welt gesetzt. Kein Wunder, dass nach einiger Zeit allein mein Erscheinen schon die entsprechende Erwartungshaltung auslöste. Allein die Erwartung, hypnotisiert zu werden, ist eine große Hilfe, während die gegenteilige Erwartung in der Regel extrem kontraproduktiv ist. Doch wie kann man nun Erwartungshaltung erzeugen? Sehr einfach hat es hier natürlich der Showhypnotiseur. Im Rahmen einer öffentlichen Veranstaltung wird bereits vom Veranstalter Werbung gemacht und es gibt normalerweise entsprechende Werbeplakate (hier mein Plakat

von 1997). Ein entsprechend im Tonstudio angefertigter Jingle und eine passende Ansage machen den Rest. Niemand zweifelt mehr daran, dass die Person, die jetzt erscheint, ein Hypnotiseur ist, ebenso wie niemand daran zweifelt, dass die Person im Kittel der Arzt ist.

Doch wie kann ein Lebensberater oder Therapeut die Erwartungshaltung nutzen? Als allererstes muss man den Klienten oder Patienten glaubhaft versichern, dass man Hypnose beherrscht. Auch der bekannte amerikanische Psychiater Milton Erickson war nicht nur aufgrund seines Wissens, sondern insbesondere aufgrund der Erwartungshaltung seiner Patienten so erfolgreich. Es ist auch unglaublich einfach, jemanden zu überzeugen. Ein Beispiel habe ich 2007 erlebt, als ich mit einem Kamerateam des TV-Senders RTL zu Dreharbeiten für die Sendung „Unglaublich – Die Show der Merkwürdigkeiten" auf einem Frankfurter Flohmarkt unterwegs war. Während bei allen anderen das Kamerateam zu meiner Legitimation völlig genügte, war tatsächlich ein junger Mann skeptisch und sagte zu mir sinngemäß: „Hypnotiseur? Das kann ja jeder behaupten! Können Sie das beweisen?". Ich war zunächst sehr überrascht aufgrund dieser unerwarteten Reaktion. Dann zog ich jedoch eine goldene Plastikkarte „Geprüfter Hypnotiseur" mit meinem aufgedruckten Namen heraus. Die Reaktion war überwältigend: „Oh....! Tatsächlich!". Ich war total perplex in diesem Moment, was ich jedoch nicht zeigte. Der Grund war, dass mich ein Kamerateam mit einer zigtausend Euro teuren Technik nicht legitimierte, eine

Plastikkarte für fünfzig Cent das jedoch tat. Es gilt also: Was gedruckt ist, wird geglaubt! Fertigen Sie sich Visitenkarten und Prospekte mit der Aufschrift „Hypnose" oder „Hypnotiseur(in)". Eine Visitenkarte mit der Aufschrift „Hypnotiseur" ist ab sofort Ihr „Ausweis". Wenn Sie Geschäftsräume oder eine Praxis besitzen, dann zeigen Sie den Leuten was Sie tun mit einem entsprechenden Schild.

Frau Holle
- Heilpraktikerin -

- Homöopathie
- Bioresonanztherapie
- Klassische Hypnose

Mo - Fr 10-12 und 14-18 Uhr

Weitere Möglichkeiten sind Mund zu Mund Propaganda (die beste und billigste Werbung), aber auch Werbung im Internet mittels einer eigenen Homepage oder in entsprechenden Portalen (z.B. www.hypnotiseure.com). Selbstverständlich ist hier wieder auf die entsprechenden Gesetze und Bestimmungen zu achten. So dürfen Sie z.B. keine Tätigkeiten bewerben, die Sie gar nicht durchführen dürfen, wie z.B. Linderung oder Heilung ohne Heilerlaubnis. Dies könnte zu wettbewerbsrechtlichen Klagen führen, aber auch zu einer Anzeige wegen Verstoßes gegen das Heilpraktikergesetz.

Das Allerbeste für die Erwartungshaltung ist grundsätzlich der Erfolg, der sich herumspricht. Um diese Mund zu Mund Propaganda zu erhalten, muss man natürlich nicht nur gut sein. Auch die Sympathie ist ein großer Faktor, den man niemals unterschätzen darf. Es spielt hierbei keine Rolle, ob man eine Gruppe im Rahmen einer Showhypnose hypnotisiert, oder eine Einzelsitzung im Rahmen einer Therapie. Der Unterschied zwischen einer Hypnose-CD und einem Hypnotiseur ist der, dass ein Hypnotiseur **individuell** auf seine Hypnotisanden eingehen kann. Er muss es jedoch auch tun, wenn er besser sein möchte, als eine Hypnose-CD. Die Individualität ist neben der Erfahrung und der Sympathie ein großer Faktor für den Erfolg.

Nun kann man hier noch zig Faktoren auflisten. Eines jedoch hat jeder selbst in seiner Hand und erfahrungsgemäß sind nur wenige dazu geboren: Die Selbständigkeit. Es gehört einfach mehr dazu, als nur hypnotisieren zu können. Es klingt immer sehr einfach und viele sehen die Selbständigkeit als traumhaft an. Doch vergessen sie hierbei, dass man sich ab sofort um alles selbst kümmern muss und dass man zumindest am Anfang weder Urlaub noch Wochenenden für sich hat. Ob man das mag und ob man die Hypnose, egal ob man Show oder Therapie durchführt, als Beruf wählen möchte, sollte man sich auf jeden Fall gut überlegen! Nur der- oder diejenige, der voll hinter seinem Beruf steht, wird auch beim Klienten auf Dauer die nötige Erwartungshaltung erzeugen.

HYPNOSE IM FERNSEHEN

Es ist immer wieder spektakulär. Ein Hypnotiseur, der im Rahmen einer TV-Sendung Leute auf der Strasse hypnotisiert oder im Live-Studio vor Millionen von Fernsehzuschauern. Viele Zuschauer fragen sich „Ist das wirklich echt?" oder „Wie macht der das nur?". Ich habe selbst zig TV-Auftritte als Aufzeichnung oder live im Studio, sogar zur Prime-Time (Samstag, 20:15 Uhr) absolviert und kann daher sehr gut mitreden. Vorab möchte ich hierzu sagen, dass alle meine Auftritte im TV absolut echt waren. Bei einer einzigen Sendung nach Drehbuch, habe ich vorher das Drehbuch umgeschrieben, damit es auch wirklich echt und detailgetreu dargestellt werden kann. Ohne die nachträgliche Genehmigung des von mir geänderten Drehbuchs hätte ich den Dreh abgelehnt. Doch alle anderen Auftritte, ob als Aufzeichnung oder live, waren absolut echt. Ebenso habe ich bei TV-Auftritten bei Kollegen meist echte Hypnosedarbietungen gesehen. Es wäre auch ehrlich gesagt schwer gewesen, insbesondere im Live-Studio, *keine* Hypnose zu erzeugen. Doch wie läuft eine solche Sendung überhaupt ab? Das liegt in allererster Linie natürlich an der Produktionsfirma und am sogenannten „Format" der Sendung. Es gibt neben einem eher seltenen Fake noch mehrere Möglichkeiten:

- Die Hypnotisanden werden vom Hypnotiseur mitgebracht.

- Die Hypnotisanden werden spontan aus dem Publikum ausgewählt.

- Die Hypnotisanden werden im Rahmen eines Castings nach mehreren Kriterien ausgewählt.

- Die Hypnotisanden werden spontan auf der Straße angesprochen.

In allen Fällen ist die Hypnose absolut echt, man hat jedoch in allen Fällen die Möglichkeit, sich die besten Hypnotisanden vorher auszusuchen. Damit ist eine TV-Hypnose grundsätzlich wesentlich einfacher, als jede Showhypnose in einer Discothek, in der man darauf angewiesen ist, dass sich aus einer Horde häufig alkoholisierter Jugendlicher genügend Freiwillige finden, die auch bereit und in der Lage sind, sich hypnotisieren zu lassen. Es ist unglaublich, welche Wirkung eine TV-Kamera auf den Menschen hat. Allein die Präsenz einer Kamera sorgt für eine unglaubliche Suggestibilität. Das darf man nicht mit Zwang vergleichen. Es geht hier wieder um stark erhöhte Suggestibilität aufgrund extremer Erwartungshaltung. Die Glaubwürdigkeit des Formats oder des Kamerateams spielt natürlich auch eine Rolle. Ein schönes Beispiel ist die Sendung „Unglaublich! Die Show der Merkwürdigkeiten", die in einem sehr großen Kölner Studio produziert wurde. Ich war als Hypnotiseur in der Sendung und ich sollte zwei Personen aus dem Publikum hypnotisieren. Es wurde bei dieser Sendung extrem viel Wert darauf gelegt wurde, dass belegbar alles echt durchgeführt wird. So wurde ich vorher schon zwei Tage lang auf Herz und Nieren geprüft und regelrecht „ins kalte Wasser geschmissen", indem ich spontan auf einem Frankfurter Flohmarkt wildfremde Menschen ansprechen und hypnotisieren sollte. Es war mir zur Verblüffung des Redakteurs sogar sehr recht, denn genau das war es, was meine Glaubwürdigkeit in den Augen des Redakteurs erst einmal erzeugen konnte. Es war natürlich sehr wichtig, dass mir zunächst die Redaktion glaubt und was könnte das besser belegen, als eine solche Aktion, die spontan geplant und somit nicht manipulierbar war. Natürlich war auch hier die Kamera meist ein Auslöser für große Erwartungshaltung.

Später, kurz vor der Live-Sendung in Köln, wurde ich im Foyer des Studios, in dem sich schon hunderte Zuschauer eingefunden hatten, von einem Warm-Upper, so nennt man die Leute, die vor der Sendung für gute Stimmung und für Applaus zum passenden Zeitpunkt sorgen, als einer der größten Hypnotiseure dargestellt, der in der Sendung auftreten wird. Wir haben also Freiwillige gesucht, die sich vorstellen könnten, sich hypnotisieren zu lassen und in der Sendung aufzutreten. So schnell konnte ich gar nicht schauen, als bereits eine ganze Menschenschlange im Gänsemarsch unterwegs war, einen Stock höher in die heiligen Gefilde des TV-Studios. Dort angekommen, begann ich nach einer kurzen Vorstellung und einem kleinen Beipackzettel mit meiner Hypnoseinduktion. Ich war froh, dass ich noch Helfer dabei hatte, denn so schnell und effektiv hatte ich vorher nur selten hypnotisiert. Es war schier unglaublich, wie schnell und tief die Freiwilligen in Hypnose sanken. So war es auch kein großes Problem mehr, mehrere Personen zu finden, die nicht nur tief in Hypnose waren, sondern auch zusätzlich vor der Kamera frei reden konnten, was für meinen Auftritt natürlich auch sehr wichtig war. Diese Personen wurden dann fraktioniert und mit einem Trigger versehen, damit ich nicht noch einmal hypnotisieren musste. Als dann ca. 1,5 Stunden später mein Auftritt begann, genügte es, die Hypnotisanden an der Stirn zu berühren um wieder die tiefe Hypnose herzustellen wie vorher. Der Effekt war wirklich phänomenal - und phänomenal einfach.

Während es extrem einfach ist, im Rahmen einer TV-Sendung zu hypnotisieren, muss ich jedoch klar stellen, dass eine TV-Sendung an sich nun keineswegs ein Kinderspiel darstellt. Es ist sehr wichtig, dass man textsicher ist und weiß, welche Suggestionen man in welcher Reihenfolge und mit welcher Formulierung geben möchte. Gleichzeitig muss man jedoch auch noch auf Vorgaben der Regie achten, also welche Kamera zuständig ist, bis zu welcher Linie und wohin man sich bewegen darf und insbesondere, wie viel Zeit man noch zur Verfügung hat.

Auch bei Aufzeichnungen wird in der Regel sehr viel Wert darauf gelegt, dass alles echt ist. Doch hat man hier noch einen weiteren Unsicherheitsfaktor. Der Film entsteht am Schnittplatz und er steht und fällt mit der Moderation.

So kann man selbstverständlich so schneiden und kommentieren, dass hinterher etwas völlig Anderes herauskommt. Ein gutes Negativbeispiel war eine MTV-Sendung. Ich wurde eingeladen, den MTV-home Moderator zu hypnotisieren. Schon nach wenigen Sekunden bemerkte ich, dass dem Moderator daran lag, keineswegs hypnotisiert zu werden. Auf Anweisungen reagierte er nicht, oder nur sehr unwillig. So hatte ich zunächst auch keine Chance. Doch hatte er mir vorher eine Generalvollmacht erteilt, dass ich ihn hypnotisieren dürfe, egal wie. Das war sein Fehler. Ich tat so, als wolle ich mich verabschieden, da es ja nicht geklappt hat. Er hat daraufhin seine Abwehr aufgegeben, was mir die Gelegenheit gab, ihn mit einer Schreckhypnosetechnik zu überrumpeln und gleich darauf hypnotisch am Boden „festkleben" zu lassen. Völlig entsetzt schaute er mich an, war die Sache doch so nicht geplant. Weiteren Suggestionen konnte er sich danach wieder mit mehr oder weniger Erfolg widersetzen. Für mich war die Angelegenheit daher klar. Mein Ziel war erreicht: Der Moderator war hypnotisiert. Gesendet wurde danach jedoch etwas völlig Neues. Zunächst sah man einen Zusammenschnitt mit der Moderation „So hätte RTL geschnitten...", bei der alles so aussah, als ob es zu 100% funktioniert hätte. Dann kam ein neuer Zusammenschnitt: „So schneiden wir...". In diesem Schnitt kam heraus, dass gar nichts funktioniert hat. Beide Varianten waren natürlich falsch. Das hätte ein intelligenter Mensch auch merken können, denn kein Hypnotiseur wird weiterhin und andauernd neue und kompliziertere Suggestionen geben, die nicht funktionieren, wenn schon einfachere Suggestionen vorher nicht umgesetzt wurden. Doch ist es für manche Personen tatsächlich wichtiger, dass ich im TV einen offensichtlichen Misserfolg hatte, wie die Inanspruchnahme der grauen Zellen. So funktioniert Manipulation! Während es dem normalen Zuschauer wohl herzlich egal war, wurden einige Hypnotiseure, die die Sendung sahen, dauerhaft manipuliert und glauben auch heute noch an's Christkind, hoppla, ich meine an das was findige Cutter nach Anweisung der Redaktion am Schnittplatz produzierten. Meine Anfrage im MTV-Forum nach einer ungeschnittenen Variante wurde natürlich nie beantwortet.

So möchte ich es dabei belassen, dass im TV alles möglich ist und jegliche Kommentare immer mit Vorsicht zu genießen sind. So haben auch schon viele Personen ein Statement über mich abgegeben, die mich gar nicht kennen. Allein eine laufende Kamera erzeugt häufig einen regelrechten Zwang, einfach das zu sagen, was der Redakteur oder die Redakteurin gerne hören möchte. Auch hier gilt also: Fernsehen ist Vertrauenssache! Doch sollte man erfahrungsgemäß eher dem Darsteller, als dem Kommentator trauen und grundsätzlich das Gehirn einschalten, bevor man etwas ungefiltert, wie in Trance, annimmt.

RECHTLICHE HINWEISE

Ist Hypnose oder Showhypnose eigentlich erlaubt? Wie weit darf ich eigentlich gehen, wenn ich mit Hypnose helfen möchte? Wo sind die rechtlichen Grenzen? All diese Fragen werden mir immer wieder gestellt. Eine Antwort darauf ist jedoch nicht ganz so einfach, da es sehr große Unterschiede in den verschiedenen Ländern gibt. Während sogar medizinische Hypnose laut Auskunft eines spanischen Anwalts in Spanien anscheinend problemlos möglich ist, so wird es beispielsweise in Österreich problematisch, sofern man kein Arzt ist. In der Schweiz wiederum gibt es in jedem Kanton unterschiedliche Regelungen. Ich möchte Sie daher bitten, sich speziell für Ihr Land zu informieren. Zum Zeitpunkt dieser Auflage ist es in Deutschland so, dass grundsätzlich das „Gesetz über die berufsmäßige Ausübung der Heilkunde ohne Bestallung" oder auch „Heilpraktikergesetz" von 1939 zur Anwendung kommt. Insbesondere die folgenden Paragraphen sind hier von Bedeutung:

§ 1

(1) Wer die Heilkunde, ohne als Arzt bestallt zu sein, ausüben will, bedarf dazu der Erlaubnis.

(2) Ausübung der Heilkunde im Sinne dieses Gesetzes ist jede berufs- oder gewerbsmäßig vorgenommene Tätigkeit zur Feststellung, Heilung oder Linderung von Krankheiten, Leiden oder Körperschäden bei Menschen, auch

wenn sie im Dienste von anderen ausgeübt wird.

und

§ 5 Wer, ohne zur Ausübung des ärztlichen Berufs berechtigt zu sein und ohne eine Erlaubnis nach § 1 zu besitzen, die Heilkunde ausübt, wird mit Freiheitsstrafe bis zu einem Jahr oder mit Geldstrafe bestraft.

Den gesamten Gesetzestext finden Sie im Anhang.

Wichtig ist hierbei der Begriff „berufsmäßig". Berufsmäßig bedeutet nämlich ausdrücklich nicht „mit Bezahlung", denn viele sind der Meinung, dass eine kostenlose Durchführung nicht berufsmäßig wäre. Das ist definitiv falsch! Berufsmäßig wird alles ausgelegt, was außerhalb der Familie stattfindet und wie §5 besagt, handelt es sich hierbei nicht um ein Kavaliersdelikt. Was wiederum unter Krankheit fällt, kann man im ICD-10 nachlesen (Internationale Klassifizierung der Krankheiten). Natürlich geht die Meinung darüber stark auseinander, was eine Krankheit darstellt und was nicht. Während im Deutschen Ärzteblatt schon propagiert wurde, dass es das erklärte Ziel sein muss, aus jedem Gesunden einen Kranken zu machen, denn nur Kranke bringen Profit, so sieht ein Hypnotiseur ohne ärztliche Bestallung den Fall natürlich anders. Grundsätzlich sollte man jedoch darauf achten, nicht mit dem Gesetz in Konflikt zu kommen! So ist es grundsätzlich gefährlich, ohne Heilerlaubnis eine Flugangst oder eine Prüfungsangst zu behandeln. Völlig problemlos ist hingegen eine Hypnose zum Thema „Entspannt fliegen" oder eine Hypnose zur „Prüfungsvorbereitung". Das soll nicht bedeuten, dass man ab sofort jede Krankheit mit neuen Wortkonstruktionen umgehen soll. Ganz im Gegenteil! Sie sollten, wenn Sie Hypnose zur Heilung oder Linderung von Krankheiten einsetzen möchten, für eine entsprechende Erlaubnis sorgen, sofern das in Ihrem Land oder Bundesland nötig ist. In Deutschland wäre das zum Beispiel die Zulassung als Heilpraktiker oder Heilpraktiker für Psychotherapie, bzw. natürlich als Arzt. Eine weitere Möglichkeit wäre noch die Zusammenarbeit mit einem Arzt, der zusätzlich die Verantwortung übernimmt.

Ein gutes Beispiel, dass es manchmal gar nicht so einfach ist, zwischen Lebenshilfe und unerlaubter Heilbehandlung zu unterscheiden, ist Übergewicht. Es gibt Übergewicht und es gibt *krankhaftes* Übergewicht (Adipositas). Die Entscheidung, ob das Übergewicht nun als krankhaft gilt oder nicht, ist für einen medizinischen Laien oft nicht einfach zu unterscheiden. Es ist jedoch auch nicht so, dass jede Kleinigkeit sogleich verfolgt wird. Solange es nicht offensichtlich ist, gibt es normalerweise keine Probleme. Ebenso ist es mit der Raucherentwöhnung unter Hypnose. Da ein Vorstoß der Ärztekammer in Deutschland nicht funktioniert hat, ist Rauchen weiterhin *keine* Krankheit und die Raucherentwöhnung mit Hypnose ebenso problemlos.

Für Lebensberater, bzw. Hypnotiseure ohne Heilerlaubnis,

ist es in Deutschland und sicher auch in anderen Ländern zwar erlaubt, den Begriff „Hypnosetherapeut" zu nutzen, andererseits impliziert dieser Begriff gleichzeitig den Begriff „Therapie". Man erweckt dadurch auf jeden Fall den Eindruck, Hypnose zu Heilungszwecken einzusetzen und könnte somit schlafende Hunde wecken. Besser ist es auf andere Begriffe auszuweichen. Eine Möglichkeit nach der entsprechenden Ausbildung ist z.B.:

Hypnosecoach (HA)®

Auch andere Begriffe sind selbstverständlich möglich. Es ist jedoch grundsätzlich darauf zu achten, dass man keine markenrechtlich geschützten Begriffe ohne Erlaubnis verwendet.

Bei allen Hypnosen im Bereich der Lebensberatung sollte man sich vorsichtshalber unterschreiben lassen, dass die ausgeübte Tätigkeit nicht die Tätigkeit eines Arztes oder

Heilpraktikers ersetzt. Das kann zum Beispiel folgendermaßen aussehen:

„Erklärung

Ich wurde darüber in Kenntnis gesetzt, dass die von Herrn/ Frau XXX ausgeübte Tätigkeit keine Diagnose oder Behandlung im medizinischen Sinn darstellt und keine solche Diagnose oder Behandlung ersetzt. Die ausgeübte Tätigkeit ersetzt in keiner Weise die Tätigkeit eines Arztes oder Heilpraktikers.“

Hypnosetherapie und Gewerbe

Für Lebensberater *in Deutschland* ist es wichtig, zu wissen, dass Hypnose im Bereich der Lebensberatung ohne medizinischen Hintergrund **gewerbepflichtig** ist! Sie benötigen also demnach einen Gewerbeschein. Sollte die zuständige Behörde aus Unwissenheit der Ausstellung eines Gewerbescheins als Hypnotiseur nicht zustimmen, können Sie sich auf folgendes Urteil berufen:

STRE 200050278

Urteil des Bundesfinanzhofs, 11. Senat, Urteil vom 02. Februar 2000, XI R 38/98

Hypnoseinduktionen

Die Einleitung der Hypnose nennt man „Induktion". Eine „Hypnoseinduktion" entspricht also einer Hypnoseeinleitung. Im Laufe der Zeit wurden sehr unterschiedliche Hypnoseinduktionen entwickelt, bzw. entdeckt. Das sind:

- Energetische Techniken (thierischer Magnetismus nach Franz Anton Mesmer)

- Verbale, suggestive Methoden mit oder ohne Fixation

- Konfusionstechniken (Verwirrung des Bewusstseins)

- Schreckinduktionen

- MTI Multiple Tiefeninduktion® (Kombination aus energetischer Technik und verbal-suggestiver Technik)

- Morphogenetischer Somnambulismus® (Hypnose unter Ausnutzung morphogenetischer Felder)

- „Moderne" (indirekte) Hypnose

„Du" oder „Sie", „Sie" oder „Ihr"?

Es gibt Induktionen ohne Worte. In aller Regel wird eine Hypnose jedoch spätestens beim Einsatz von Suggestionen eine persönliche Anrede benötigen. Benutze ich jetzt ein persönliches „Du" oder doch lieber ein „Sie", um auf Distanz zu bleiben? Ich persönlich liebe das persönliche „Du" und ich verwende es daher auch in Seminaren und insbesondere bei der Hypnose. Prinzipiell halte ich auch **während der Hypnosesitzung** ein persönliches „Du" für angemessen und hilfreich, da es keine künstliche Barriere aufbaut. In der Hypnose öffnet sich der Hypnotisand dem Hypnotiseur, somit ist es mit dem persönlichen „Du" einfacher. Vor und nach der Hypnosesitzung sollte man jedoch Distanz wahren und wieder auf „Sie" umschwenken.

Bei einer Gruppenhypnose habe ich immer wieder erlebt, dass Hypnose-Anfänger in der Mehrzahl hypnotisieren wollen: „Ihr konzentriert euch nun…. Ihr atmet nun tief ein … und wieder aus…". Man sollte sich jedoch einmal in die Lage der Hypnotisanden versetzen. Der Hypnotisand fühlt sich nicht als Teil einer Gruppe, sondern als Individuum und somit ist auch bei der Gruppenhypnose ein persönliches „Du" angesagt.

Wenn der Hypnotisand ein Problem damit hat, mit „Du" angesprochen zu werden, wäre zumindest zu prüfen, ob das notwendige Vertrauen vorhanden ist.

1. Energetische Hypnose

Um diese Induktionen verstehen zu können, müssen wir wissen, dass Lebewesen außer der grobstofflichen Hülle, die wir „Körper" nennen, noch weitere feinstoffliche

Körper besitzen. Diese Energiekörper sind verbunden mit dem materiellen Körper und Manipulationen des Energiekörpers führen zu einer Reaktion des materiellen Körpers. Das kann wiederum unter Anderem zur blitzschnellen Einleitung einer Hypnose verwendet werden. Franz Anton Mesmer aus Meersburg war im 18. Jahrhundert ein Pionier dieser Techniken. Das, was sich „Wissenschaft" nennt, hat jedoch dafür gesorgt, dass hier Wissen vernichtet, anstatt geschaffen, wurde. Es hat damals wie heute nicht ins Konzept gepasst und somit werden diese Techniken auch heute im Rahmen der medizinischen Hypnoseausbildung kommerzieller Stellen nicht verwendet.

Vorteile energetischer Hypnosetechniken:

- Extrem schnelle Hypnoseinduktion im Gegensatz zu verbalen Techniken.

- Jede Hypnosetiefe ist erreichbar, bis hin zum sofortigen tiefen Somnambulismus.

- Die Techniken sind mit anderen Techniken gut kombinierbar.

- Die Techniken sind extrem schnell erlernbar.

- Bereits die Faszination der Techniken trägt zur Hypnose bei.

Nachteile energetischer Hypnosetechniken:

- Die Techniken entsprechen selten der Erwartungshaltung des Hypnotisanden.

- Bei ungenügendem Schutz besteht die Möglichkeit, sich „energetisch zu infizieren".

- Die Technik kann nicht zur Gruppeninduktion verwendet werden.

Ich möchte an dieser Stelle zwei verschiedene Techniken vorstellen. Alle energetischen Techniken bestechen durch ihre Einfachheit. Das ist wahrscheinlich auch der Grund, dass sie bis vor wenigen Jahren kaum eingesetzt wurden. Sicher werden auch viele Leser dieses Buches nicht in der Lage sein, „viel zu einfache" Techniken einzusetzen. Außerdem sind die Gedanken vieler Menschen: „Wenn es wirklich so einfach ist, würde es ja jeder tun…". Genau aus diesem Grund tun es die Wenigsten. Aber nun zur Beschreibung der ersten Technik:

Der Mensch hat eine linke und eine rechte Hand. Eine ist positiv (Plus) und eine Hand entspricht dem negativen Pol (Minus). Wenn Sie sehr sensibel oder sensitiv sind, können Sie das leicht erspüren. Halten Sie zunächst die linke flache Hand vor die Stirn in Höhe des Haaransatzes und erspüren Sie, ob Ihnen das Energie gibt, oder ob Sie das Gefühl haben, Energie aus dem Kopf abzugeben. Beim

Rechtshänder ist die linke Hand in der Regel „Minus" und die rechte Hand entspricht „Plus". Beim Linkshänder kann es auch umgekehrt sein, also die linke Hand entspricht dann „Plus" und die rechte Hand „Minus". Wenn Sie jetzt denken „Was für ein Schwachsinn…", kein Problem. Keiner zwingt Sie, die Experimente zu machen und niemand zwingt Sie, neue Erfahrungen zu machen. Jede neue Erfahrung bedarf auch des freien Willens. Ab hier geht es also weiter für aufgeschlossene Menschen, deren freier Wille eine neue Erfahrung machen möchte.

Vor der Anwendung energetischer Techniken ist grundsätzlich eine ordentliche Erdung anzuraten. Hierzu steht man fest mit beiden Füßen auf dem Boden und stellt sich vor, dass die Füße Wurzeln in die Erde schlagen. Eine gute Erdung oder Verwurzelung leitet überschüssige Energien ab. Weiterhin sind alle Dinge, die energetisch blockieren, vom Körper möglichst zu entfernen. Das sind zum Beispiel Anhänger mit schwarzem Turmalin (Auraschutzstein), aber auch Zigaretten. Ebenfalls haben wir herausgefunden, dass bestimmte, vom Hypnotisanden getragene, Schutzamulette hinderlich wirken können.

(1) **Energetische Technik im Stehen oder im Sitzen (ohne Lehne)**

Der Hypnotiseur steht im rechten Winkel zum Hypnotisanden. Die Plus-Hand wird in einigem Abstand über den Kopf des Hypnotisanden gehalten. Die Augen des Hypnotisanden bleiben

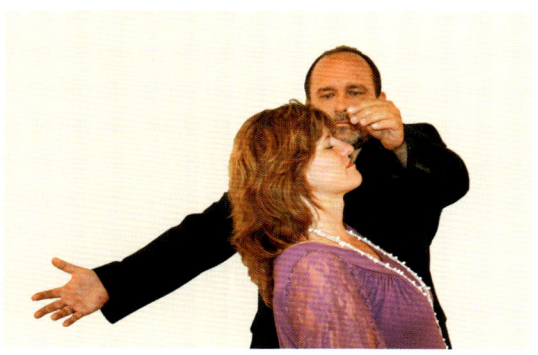

geöffnet. Die Minus-Hand ist hinter dem Kopf des Hypnotisanden ohne den Kopf zu berühren. Der Hypnotiseur bewegt nun beide Hände parallel im 45 Grad Winkel, so als wäre ein Stab zwischen den Händen, nach hinten. Der Hypnotisand spürt in der Regel eine Kraft, die nach hinten zieht und muss unbedingt aufgefangen werden. Das übernimmt am besten eine zweite Person.

(2) **Zweite energetische Technik im Stehen oder Sitzen (ohne Lehne)**
Der Hypnotiseur steht im rechten Winkel zum
Hypnotisanden, der die Augen geschlossen
hat. Die Plus-Hand wird vor die Stirn gehalten,
die Stirn dabei jedoch nicht berührt. Mit der
Minus-Hand streicht man entlang der Wirbelsäule von oben nach unten und wieder zurück.
Der Effekt kann sofort eintreten, es kann jedoch auch ein paar Sekunden dauern, bis der
Hypnotisand zu schwanken beginnt und wie
bei Version (1) nach hinten umkippt.

(3) **Dritte energetische Technik im Stehen oder
Sitzen (ohne Lehne)**

Ganz ähnlich wie Technik (2). Eine Hand wird
hierbei in Höhe des Nabelchakras (Solar-Ple-
xus) vor den Bauch gehalten. Die andere Hand

wird wie bei Methode (2) entlang der Wirbelsäule auf und ab bewegt. Die Augen können bei dieser Induktion auch geöffnet bleiben und schließen sich im Moment des Kippens.

Es sind keine Suggestionen notwendig. Man kann diese Induktion, ebenso wie alle anderen energetischen Induktionen auch, völlig ohne Worte durchführen. Das schließt natürlich nicht aus, dass man trotzdem Suggestionen gibt. Diese können sich zum Beispiel auf die Atmung beziehen, aber insbesondere auch auf das Gefühl, nach hinten gezogen zu werden:

„Atme nun tief ein ... und wieder aus. Atme tief ein ... und wieder aus (Atmung beobachten). Und langsam spürst Du nun mehr und mehr eine Kraft, die Dich immer stärker und stärker nach hinten zieht. Lass' es einfach geschehen, was geschehen möchte. Du wirst ganz sicher aufgefangen!"

2. Verbale suggestive Hypnose, mit oder ohne Fixation

Es handelt sich hier um die wohl bekannteste Form der Hypnoseinduktion, da sie durch viele Filme bekannt wurde. Fixationshypnose kennen wir im Zusammenhang mit dem Metronom oder dem Pendel, mit hypnotischen Scheiben, etc..

Vorteile verbal-suggestiver Techniken

- Die Technik kann für Einzel- oder Gruppenhypnose zum Einsatz kommen.

- Die Technik ist in allen Positionen einsetzbar (sitzend, liegend und stehend).

- Die Erwartungshaltung des Hypnotisanden
  wird voll erfüllt.

- Bei Einsatz von Fixation ist die Suggestibilität schnell erkennbar.

- Die Technik kann mit energetischen Techniken kombiniert werden (MTI Multiple
  Tiefeninduktion®).

- Besonders gut geeignete Technik für die
  Einleitung der Ersthypnose.

- Sehr sanfte Hypnoseeinleitung.

- Die Induktion ist auch wunderbar per Ton-
  träger einsetzbar.

- Es ist jede Hypnosetiefe erreichbar, auch
  tiefster Somnambulismus.

Nachteile verbal-suggestiver Techniken

- Es ist relative Ruhe erforderlich.

- Relativ lange Induktionsdauer im Gegensatz zu den Schnellhypnosetechniken.

Die Fixationsmethode

Wie der Name schon sagt, hat die Fixationsmethode etwas mit dem Fixieren eines Punktes zu tun. Hier ist grundsätzlich alles geeignet, es gibt jedoch besonders gute
und besonders schlechte, ja sogar gefährliche Fixationspunkte. Ein besonders guter Fixationspunkt ermüdet die
Augen sehr schnell. Das ist zum Beispiel das Pendel, das
oberhalb der Augen gehalten wird oder ein anderer Punkt
in unmittelbarer Nähe der Augen. Es ist selbstverständlich darauf zu achten, dass es nicht zu Augenverletzungen
kommt, beispielsweise aufgrund zu heller Fixationspunkte oder spitzer Pendel, die aus der Hand gleiten können.

Beispiele für gute Fixationspunkte:

- Abgerundetes Pendel oberhalb der Augen

- Finger oder Stift oberhalb der Augen

- Nicht zu helle Lampe (nie ultrahelle LED oder Laser!) in einigem Abstand

- Spezielle bewegte Grafiken (Hypnoskop)

Beispiele für schlechte Fixationspunkte:

- Niemals ultrahelle LED-Lampen oder gar Laser verwenden!

- Kerzenflamme

- Aufgemalte Punkte an Wand oder Decke

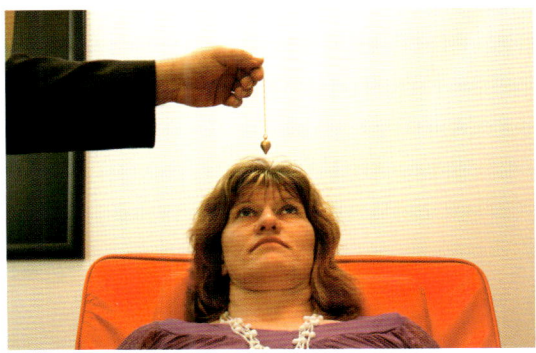

Die Fixationsmethode an sich ist uralt und bekannt aus den ältesten Überlieferungen und Zeichnungen. In neuerer Zeit (um 1850) jedoch war es der englische Arzt James Braid, der die Fixationsmethode wieder entdeckte und bekannt machte. Da in dieser Generation die klinische Hypnose vom Amerikaner Milton Erickson geprägt wurde, kann man die Wiedereinführung der Fixationstechnik sicherlich den Showhypnotiseuren zuschreiben. Die Entdeckung Braid's beinhaltete, dass die Fixation glänzender Objekte und somit die Konzentration in eine Richtung, einen Trancezustand hervorruft. Er hatte damit auch vollkommen Recht und insbesondere diese Technik ist es, die im Rahmen einer therapeutischen Ersthypnose wundervoll geeignet ist. Da die Film- und Fernsehmedien natürlich visuelle Eindrücke nutzen, wurde diese Technik auch sehr bekannt und somit werden nun, bei deren Einsatz, gleichzeitig sämtliche Klischees und natürlich die Erwartungshaltung des Hypnotisanden erfüllt. Zugleich ist die Fixationsmethode für den Hypnotiseur eine hervorragende Möglichkeit, neben der Suggestibilität, also der Fähigkeit Suggestionen anzunehmen, auch den Willen zu testen.

Um die Fixationshypnose einzusetzen, benötigt der Hypnotiseur keinerlei Hilfsmittel, er kann jedoch Hilfsmittel wie zum Beispiel ein Pendel als Fixationspunkt einsetzen.

Der Fixationspunkt sollte möglichst schnell die Augen ermüden.

Um die Ermüdung der Augen zu erreichen, kann man entweder einen Punkt direkt in der Nähe der Augen wählen, oder eine Lichtquelle in gewissem Abstand (am besten geeignet bei Gruppen-Fixationshypnose). Man hält also beispielsweise ein Pendel kurz vor und oberhalb der Augen. Sofern der Hypnotisand steht oder sitzt sollte der Kopf des Hypnotisanden gerade sein und nicht nach hinten gestreckt. Die Augen blicken nach oben. Wenn der Hypnotisand liegt, sollte man den Fixationspunkt hinter den Augen setzen. Ziel ist es, auch hier die Augen möglichst schnell zu ermüden. Als weiteres Hilfsmittel ist eine schöne Entspannungsmusik von Vorteil, da diese einen akustischen Konzentrationspunkt darstellt. Was nun folgt, ist eine Reihe von Suggestionen und die genaue Beobachtung der oder des Hypnotisandin/en. Hier muss man nun unterscheiden zwischen der Einzel- und der Gruppenhypnose. Bei der Gruppenhypnose wird der Text gesprochen, ohne auf die einzelnen Reaktionen einzugehen, denn das ist in diesem Fall nicht möglich. Bei der Hypnose einer einzelnen Person wird die Reaktion des Hypnotisanden hingegen genau reflektiert. Das heißt, man passt die Suggestionen den Reaktionen an. Während man den Fixationspunkt so setzt, dass die Augen schnell ermüden, beginnt man direkt mit Suggestionen wie „du spürst eine Müdigkeit in Deinen Augen" oder „du spürst ein Brennen in Deinen Augen". Die Müdigkeit und das Brennen treten sowieso ein, der Hypnotisand jedoch ist sofort vom Erfolg der Hypnoseeinleitung überzeugt. Die Erwartungshaltung steigt.

Beispiel einer Hypnoseeinleitung mit Fixation inkl. Hypnosemelodie:

Du konzentrierst Dich jetzt nur noch auf diesen Punkt, auf diese Melodie und auf meine Stimme. Konzentriere Dich nur noch auf diesen einen Punkt, auf diese Melodie und auf meine Stimme. Und langsam, ganz langsam spürst Du immer stärker und stärker ein Brennen in Deinen Augen und immer schwerer und schwerer werden Deine Augenlider.

Immer schwerer und schwerer werden Deine Augenlider. Und ich zähle nun langsam rückwärts von fünf bis null. Spätestens bei Null angelangt, werden sich Deine Augen schließen. Spätestens bei Null angelangt, möchtest Du Deine Augen nicht länger offen halten.

Fünf – Schwer wie Blei werden Deine Augenlider und immer stärker wird das Brennen in Deinen Augen.

Vier – Schwer wie Blei werden Deine Augenlider und Deine Augenlider beginnen zu flattern. Immer mehr und mehr beginnen Deine Augenlider zu flattern.

Drei – Immer stärker wird das Flattern Deiner Augenlider und Deine Augenlider zieht es nach unten. Mehr und mehr zieht es Deine Augenlider nach unten. Du kannst Deine Augen kaum noch offen halten.

Zwei – Noch schwerer werden Deine Augenlider. Immer müder und müder werden Deine Augen. Du möchtest Deine Augen nun nicht länger offen halten.

Eins – Deine Augen schließen sich nun und bleiben ganz fest geschlossen. Je öfter Du versuchst, Deine Augen zu öffnen, umso weniger wird es Dir gelingen.

Null

Falls die Augen nun geschlossen sind: Fest geschlossen sind Deine Augen. Und Du sinkst nun tiefer und tiefer in einen wunderschönen Zustand der absoluten Entspannung. Tiefer und tiefer.

Falls die Augen noch nicht ganz geschlossen sind: Schließe nun Deine Augen! Schließe nun Deine Augen!

Wenn die Augen auch auf Anweisung nicht geschlossen werden, kann man die Induktion abbrechen. Der Hypnotisand ist in diesem Fall nicht bereit für die Hypnose. Auch Angst kann eine große Rolle spielen. Das ist im Gespräch zu klären.

Wenn die Augen nun geschlossen sind, führt man wie folgt fort:

Ich zähle nun noch einmal rückwärts von Fünf bis Null, und mit jeder Zahl sinkst Du tiefer und tiefer, immer tiefer in diesen wunderschönen Zustand der absoluten Entspannung.

Fünf – Du hältst nun keinen Gedanken mehr fest! Lasse Deine Gedanken einfach nur kommen und wieder gehen. Halte nun keinen Gedanken mehr fest! Und mit jedem Atemzug, mit jedem Takt dieser Melodie, mit jedem Wort das ich sage, sinkst Du tiefer und tiefer in einen wunderschönen, angenehmen Zustand der absoluten Entspannung.

Vier – Entspanne Deinen ganzen Körper! Entspanne Deinen Kopf, Deinen Hals, entspanne Deinen Nacken, Deine Arme, Deinen Bauch, entspanne Deine Beine bis hinein in die Zehenspitzen. Entspanne Deinen ganzen Körper und konzentriere Dich nur noch auf diese Melodie und auf meine Stimme.

Drei – Das Tor zu Deinem Unterbewusstsein öffnet sich ganz weit und jedes meiner Worte wird sich ganz tief in Deinem Unterbewusstsein verankern. Jedes meiner Worte wird sich nun ganz tief in Deinem Unterbewusstsein verankern. Und jedes Mal dann, wenn ich Dich an der Schulter berühre, kannst Du Deine Augen öffnen. Jedes Mal dann, am heutigen Tag in diesem Raum, wenn ich Dich an der Stirn berühre (gleichzeitig an der Stirn oberhalb der Nasenwurzel berühren), sinkst Du augenblicklich noch tiefer in diesen wunderschönen, angenehmen Schlaf. Jedes Mal dann, wenn ich Dich an der Schulter berühre, kannst Du Deine Augen öffnen. Jedes Mal dann, am heutigen Tag in diesem Raum, wenn ich Dich an der Stirn berühre (gleichzeitig an der Stirn oberhalb der Nasenwurzel berühren), sinkst Du augenblicklich noch tiefer in diesen wunderschönen, angenehmen Schlaf.

Zwei – Du lässt Dich durch nichts stören! Weder ein Licht, noch ein Geräusch, nichts kann Dich stören! Du hörst nur noch diese Melodie und meine Stimme und mit jedem Atemzug, mit jedem Takt dieser Melodie, mit jedem Wort das ich sage, sinkst Du tiefer und tiefer, immer tiefer in diesen wunderschönen, angenehmen Schlaf.

Eins – Du fühlst Dich vollkommen wohl! Du hörst nur noch diese Melodie und meine Stimme. Nur noch diese Melodie und meine Stimme. Und mit jedem Atemzug, mit jedem Takt dieser Melodie, mit jedem Wort, das ich sage, sinkst Du noch tiefer in diesen wunderschönen, angenehmen Schlaf.

Null – Du bist vollkommen entspannt! Du hörst nur noch diese Melodie und meine Stimme und jedes Mal dann, wenn ich Dich an der Schulter berühre, kannst Du Deine Augen öffnen. Jedes Mal dann am heutigen Tag in diesem Raum, wenn ich Dich an der Stirn berühre *(gleichzeitig an der Stirn oberhalb der Nasenwurzel berühren)*, sinkst Du augenblicklich noch tiefer in diesen wunderschönen, angenehmen Zustand der absoluten Entspannung.

- Ende -

Hier folgt die Vertiefung, die Suggestionen und **grundsätzlich** die sichere Hypnoseauflösung. Bei Hypnotisanden, die bereits mehrfach hypnotisiert wurden, kann die Augenschlussphase auch problemlos weggelassen werden.

3. Schreckhypnose

Schreckhypnose gehört zu den Blitzhypnosetechniken. Diese Formen der Hypnoseinduktion können sogar gegen den Willen, bzw. ohne Wissen des Hypnotisanden eingesetzt werden. Es muss sicher nicht ausführlich ausgeführt werden, dass in diesem Fall nicht nur die moralischen, sondern auch die gesetzlichen Grenzen überschritten werden. Wenn der Hypnotisand mit der Hypnose grundsätzlich einverstanden ist, sind auch diese Induktionen eine wunderbare Sache, zumal sie sehr schnell sehr tiefe Hypnosezustände erzeugen können.

„Schreckhypnose" hat wie der Name schon sagt, etwas mit einem Schrecken zu tun. Das darf man sich so vorstellen, dass die Aufmerksamkeit des Hypnotisanden auf einen bestimmten Punkt gerichtet wird und der Hypnotiseur plötzlich und unerwartet eine Aktion durchführt, die kurzfristig das Tor zum Unterbewusstsein öffnet. Genau in diesem Moment wird die Suggestion „Schlaf!!!" gesetzt.

Vorteile der Schreckhypnosetechniken

- Die Techniken können grundsätzlich in jeder Position (sitzend, liegend, stehend) durchgeführt werden.

- Die Induktionen sind extrem schnell.

- Jede Hypnosetiefe ist erreichbar, bis hin zum sofortigen tiefen Somnambulismus.

- Die Techniken sind extrem schnell erlernbar.

Nachteile der Schreckhypnosetechniken

- Die Techniken entsprechen keiner Erwartungshaltung.

- Es kann zu einer blitzschnellen Entspannung und damit zu möglichen Verletzungen durch Sturz o.ä. führen.

- Für Hypnosetherapie sind die Techniken eher ungeeignet, außer z.B. bei ADHS.

- Eine Wiederholung der Technik ist häufig schwierig, da der Effekt dann nicht mehr neu ist.

Schrecktechnik I - Die Raketenstarttechnik

Der Hypnotisand wird aufgefordert, einen Arm (Rechtshänder den rechten Arm, Linkshänder den linken Arm) auszustrecken und auf Kommando gegen die Hand des Hypnotiseurs zu drücken. Der Hypnotiseur fordert den Hypnotisanden auf, die Augen zu schließen und einen Countdown von Fünf bis Null laut zu sprechen, während er gleichzeitig kräftig gegen die Hand des Hypnotiseurs drückt. Der Hypnotiseur zieht plötzlich (vor der Zahl Null) seine Hand weg, gleichzeitig tippt er an die Stirn des Hypnotisanden (unbedingt auf die Augen achtgeben) und schreit laut „Schlaf!". Der Hypnotisand wird in der Regel sofort in einen Trancezustand gehen. Es ist jedoch sehr darauf zu achten, dass er aufgrund möglicherweise einsetzender ultraschneller Entspannung nicht stürzt. Sogleich kann man den Kopf in kreisende Bewegung versetzen und die Hypnose sofort vertiefen.

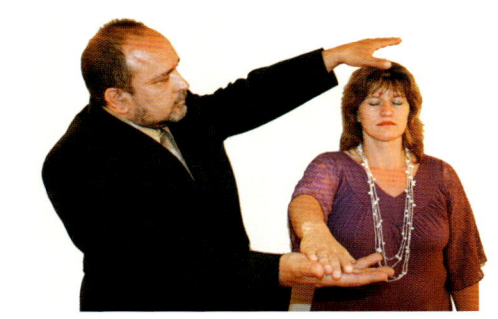

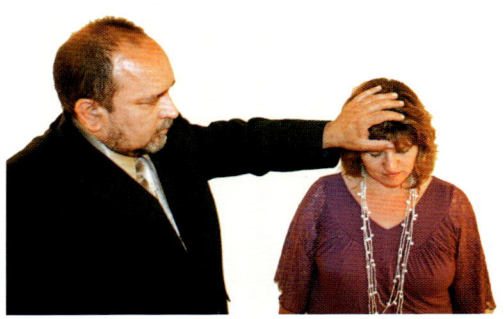

Schrecktechnik II

Der Hypnotiseur geht auf den Hypnotisanden zu und reicht ihm die rechte Hand zum Gruß. Anstatt jedoch die Hand zum Gruß zu schütteln nimmt der Hypnotiseur die rechte Hand das Hypnotisanden mit seiner linken Hand und schlägt leicht gegen den Kopf des Hypnotisanden verbunden mit der bekannten Suggestion „Schlaf!!!".

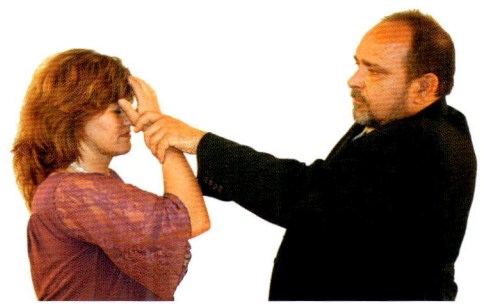

Schrecktechnik III

Man nähert sich von hinten, tippt an die Schulter des Probanden, der sich daraufhin umdreht. In diesem Moment tippt man an die Stirn oberhalb der Nasenwurzel und setzt sofort die Suggestion „Schlaf!!!"

Diese Technik funktioniert bei besonders suggestiblen Personen sehr gut. Sehr fraglich ist der therapeutische Nutzen, da man mit dieser Induktion, ebenso wie mit der folgenden, sehr schnell in Verruf geraten kann. Wie bei allen Blitzhypnosetechniken gilt hier natürlich auch und insbesondere dann, wenn man im Stehen hypnotisiert, dass man die Gefahr einer plötzlichen Muskelerschlaffung und die damit verbundene Verletzungsgefahr nicht vergessen darf! Man muss auch grundsätzlich darauf achten, dass man nicht versehentlich mit dem Finger die Augen des Hypnotisanden trifft.

Schrecktechnik IV

Diese Technik beruht auf Abbé Faria, einem der bekanntesten Hypnotiseure im 19. Jahrhundert. Sie dürfte jedoch uralt sein. Man lässt den Hypnotisanden entweder die eigenen Augen fixieren, oder die Handinnenfläche. Plötzlich und unerwartet schreit man den Hypnotisanden an: „Schlaf!!!".

Diese Technik lässt sich auch leicht umgeändert anwenden:

Der Hypnotiseur nimmt die Hand des Hypnotisanden und hält diese in einigem Abstand zu den Augen des Hypnotisanden, der sich auf die eigene Handinnenfläche konzentrieren soll. Man führt nun die Hand langsam auf die Augen zu und gibt die Suggestionen: „Schwerer und schwerer werden Deine Augenlider!" Während der Hypnotisand voll auf seine eigene Handinnenfläche konzentriert ist, greift der Hypnotiseur mit seiner freien Hand von hinten kommend an die Stirn und gibt die bekannte Suggestion „Schlaf!!!".

Schrecktechnik V – Die „Handshake"-Induktion

Man reicht dem Hypnotisanden die Hand und schwenkt die Hand hin und her oder man kreist mit der Hand, während man eine oder mehrere Fragen stellt, die der Hypnotisand ohne Überlegen sicher nicht beantworten kann (z.B. „Bitte rechne aus: Wie viel ist 72 geteilt durch

13?"). In dem Moment, in dem der Hypnotisand überlegt (ersichtlich z.B. an den Augen, die sich nach oben richten), tippt man an die Stirn und gibt laut die Suggestion „Schlaf!!!".

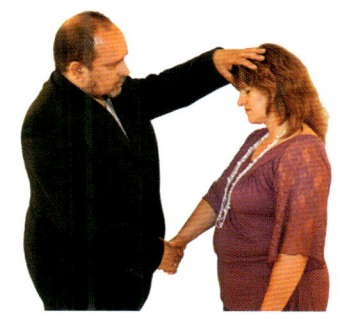

Schrecktechnik VI

Der Hypnotiseur bittet den Hypnotisanden, einen Arm auszustrecken. Der Hypnotiseur nimmt die Hand und hält damit den Arm des Hypnotisanden waagerecht. Der Hypnotiseur fixiert nun die Augen des Hypnotisanden und reißt plötzlich den Arm des Hypnotisanden nach unten. Genau im selben Moment wird die Stirn oberhalb der Nasenwurzel berührt und die Suggestion „Schlaf!!!" gegeben.

Allgemeines zu Schreckhypnose

Es gibt sehr unterschiedliche Meinungen zur Schreck-Blitzhypnose. Junge Leute, die gerade in ihrer Sturm- und Drang-Phase sind, sehen oft keinerlei Gefahren und finden sehr viel Gefallen an diesen Schnelltechniken. Grundsätzlich und richtig durchgeführt, sind diese Techniken auch nicht gefährlicher als alle anderen. Nur was ist eine richtige Durchführung? Grundsätzlich muss man immer darauf achten, dass der Hypnotisand nicht plötzlich zusammenbricht und sich dadurch verletzt. Dies kann plötzlich aufgrund sofort eintretender Entspannung geschehen, wenn man beispielsweise im Stehen hypnotisiert. Der Hypnotisand muss in diesem Fall festgehalten werden. Gleichzeitig kann man sofort die Suggestion geben: „Steh' sicher und gerade!".

Nach der Hypnoseinduktion ist die Hypnose sofort zu vertiefen. Dies kann man zum Beispiel durch kreisende Bewegungen des Kopfes hervorrufen und durch Suggestion: „Tiefer und tiefer sinkst Du in diesen wunderschönen, angenehmen Zustand der Entspannung! Immer tiefer!".

Die beschriebenen Hypnoseinduktionen können grundsätzlich überall durchgeführt werden. Es spielt hierbei keine Rolle, ob es hell oder dunkel ist, laut oder leise, warm oder kalt. So habe ich beispielsweise auf diese Art und Weise hypnotisiert, als ich mit einem Kamerateam eines großen TV-Senders im Februar 2009 bei eisiger Kälte in der Münchener Fußgängerzone hypnotisiert habe.

In der Therapie haben sich diese Techniken bisher nicht durchsetzen können. Das liegt sicherlich einerseits daran, dass ein Therapeut seine Klienten oder Patienten in der Regel nicht erschrecken möchte. Hinzukommend sind diese Techniken nur dann wirklich wirksam, wenn der Hypnotisand nicht darauf gefasst ist, die Techniken also nicht kennt. Verwendet werden diese Techniken häufig jedoch im Rahmen der Showhypnose.

Wie bei jeder Hypnose, ist auch bei Schreckhypnose in jedem Fall eine ordentliche Hypnoseauflösung notwendig, wenn die Hypnose beendet werden soll.

MTI Multiple Tiefeninduktion®

Insbesondere bei schwierigen Hypnotisanden, die nur langsam oder gar nicht auf die Induktion reagieren, ist die Kombination aus energetischer und suggestiver Technik geeignet, die ich MTI Multiple Tiefeninduktion® genannt habe. Es handelt sich hierbei um zwei eigenständige Induktionen, die parallel ausgeführt werden. Der Hypnotisand setzt sich hierzu am besten auf die Stirnseite einer Therapie- oder Massageliege. Man beginnt entweder mit der Fixationstechnik oder man lässt sofort die Augen schließen und beginnt mit der verbal-suggestiven Technik. *Gleichzeitig* hält man eine Hand vor den Bauch in Höhe des Solarplexus (den Bauch nicht berühren!) und streicht mit der anderen Hand entlang der Wirbelsäule, ebenfalls ohne direkte Berührung. Es bedarf einiger Übung, gleichzeitig die energetischen Striche auszuführen und die Suggestionen zu sprechen. Dafür ist es für den Hypnotisanden ebenfalls schwierig, sich gegen mehrere Dinge gleichzeitig zu wehren.

Während der Induktion spürt der Hypnotisand plötzlich eine Kraft, die nach hinten zieht. Da er jedoch nicht weiß, ob es zur Hypnose gehört oder nicht, können wir die Suggestionen entsprechend ein wenig anpassen:

„Du spürst nun mehr und mehr eine Kraft, die Dich immer stärker nach hinten zieht! Lass' einfach geschehen, was geschehen möchte. Es ist völlig in Ordnung und Du wirst ganz sicher aufgefangen…" Hierbei insbesondere den Kopf stützen!

Die gesamte Haltung ist nicht besonders angenehm für den Hypnotisanden, wenn der Oberkörper auf der Liege liegt. Aus diesem Grund wird gleichzeitig suggestiv etwas nachgeholfen: „Deine Beine sind zu jedem Zeitpunkt gut durchblutet!" . Sobald man fraktionieren kann, wird die Hypnose unterbrochen, damit sich der Hypnotisand nun ganz bequem hinlegen kann.

Morphogenetischer Somnambulismus®

„Das grenzt an Magie…" habe ich zu einer völlig verblüfften TV-Redakteurin im Interview gesagt, die es live im Seminar „Showhypnose" erlebt hat. Das war so nicht ganz richtig. Gedacht habe ich „Das IST Magie!", doch wäre das für die geplante Fernsehsendung etwas starker Tobak gewesen. Doch was hat die Kamera hier verfolgt, was hat die erfahrene TV-Redakteurin und mein Seminarpublikum so in Erstaunen versetzt? Zu sehen war nicht besonders viel, zumindest nichts Spektakuläres. Es war eine Vorführung im Seminar. Fünf Personen stellten sich zur Verfügung, vor laufender Kamera hypnotisiert zu werden. Ich ging zu jedem Einzelnen hin, postierte die jeweilige Person an einem Platz, der mir geeignet erschien, gab die Anweisung, die Augen zu schließen und zog den Kopf ein ganz klein wenig nach vorne. Das war es was die Zuschauer und die Kamera sahen. Ich begann daraufhin mit einer suggestiven Hypnoseinduktion, bei der ich von Fünf bis Null zählte. Bereits nach wenigen Sekunden, ohne dass ich überhaupt mit der Hypnoseinduktion richtig begonnen hatte, mussten wir bereits drei der fünf Teilnehmer hinlegen, um ein Umkippen zu verhindern. Das was eigentlich als Hypnoseeinleitung gedacht war, wurde schließlich nur noch Vertiefung, denn die Trance war sofort eingetreten. Hinterher befragt, konnten nicht einmal die Teilnehmer sagen, warum sie so unglaublich schnell und ohne sichtbare Einwirkung in Trance gefallen sind. Das Geheimnis begründet sich in der „Familienaufstellung", die durch

Bert Hellinger bekannt wurde. Dr. Joseph Fersch, ehem. Schüler Bert Hellinger's, der die Technik in den letzten zwanzig Jahren weiter entwickelt hat, bildete mich in der Technik der Familien- und systemischen Aufstellung aus. Schier unglaublich und faszinierend war es, was ich im Rahmen der Ausbildung erfahren habe. Und mein Drang, Neues zu entdecken, führte dazu, dass der „morphogenetische Somnambulismus®" ins Leben gerufen wurde. Diese Induktion stellt also nichts anderes, als eine Aufstellung dar, nur dass hier nicht Mutter, Vater, Oma, Opa, etc. aufgestellt werden, sondern der „Somnambulismus". Eine „kleine" Änderung jedoch gibt es. Während einer normalen Familienaufstellung wird den Protagonisten gesagt, wen oder was sie darstellen. In diesem Fall habe ich es nur **gedacht**!

Diese Technik funktioniert also folgendermaßen:

Der Hypnotisand wird an einen beliebigen Platz geführt und aufgefordert, die Augen zu schließen. Während man den Kopf etwas nach unten zieht, denkt man nur noch: „Du stellst jetzt den Somnambulismus dar!".

Es handelt sich hierbei um nichts anderes, als eine systemische Aufstellung! Eine faszinierende Methode, beruhend auf „morphogenetischen Feldern" und möglicherweise erklärbar mittels der Quantenphysik. Wichtig ist jedoch, dass man diese Methode trotz ihrer Einfachheit niemals unterschätzt! Es kann in kürzester Zeit dazu führen, dass der Hypnotisand das Gleichgewicht verliert oder in einen extremen Entspannungszustand gerät und dadurch stürzt. Man muss also grundsätzlich darauf gefasst sein und nötigenfalls festhalten, bzw. auffangen. Das gilt insbesondere dann, wenn man mit einer Gruppe arbeitet. Die Teilnehmer werden nebeneinander hingestellt, der Kopf etwas nach vorne, die Augen schließen lassen. Dann geht der Hypnotiseur von Person zu Person, berührt mit den Händen die Schultern und denkt „Du stellst den absoluten Somnambulismus dar!". Dieser Gedanke wird nicht mit heftiger Konzentration oder gar mit Gewalt gedacht, sondern wie ein Entschluss. Wie eine Feststellung. Hinter jedem Hypnotisanden muss eine weitere Person stehen, die den Hypnotisanden auffangen kann. Der Effekt kann nach wenigen Minuten, aber auch sofort eintreten. Manchmal ist es notwendig, dass man dem oder den Hypnotisanden noch einmal mitteilt, dass sie sicher aufgefangen werden, da sie sonst möglicherweise Angst vor dem Kippen bekommen. Bei dieser Technik kommt es nicht darauf an, dass der Hypnotisand sehr suggestibel ist. In meinen Hypnose-Seminaren stellt sich immer wieder heraus, dass auch Personen, die vorher kein einziges mal den hypnotischen Zustand erreicht haben, teils extrem schnell eine tiefe Hypnose erreichen können.

Da diese Technik ausschließlich auf Gedanken beruht, kann man sie grundsätzlich mit allen anderen Techniken kombinieren.

Wenn man die Technik „morphogenetischer Somnambu-lismus®" einsetzt, ist zusätzlich auch noch eine besonde-re, zusätzliche Auflösung erforderlich! So, wie man die Entscheidung trifft den Hypnotisanden in das Feld des Somnambulismus zu stellen, muss man diese Entschei-dung auch wieder rückgängig machen. Das erfolgt zusätz-lich und im Rahmen der Hypnoseauflösung mit (zum Bei-spiel) den folgenden Worten:

„Ich entlasse Dich nun aus dem Feld des Somnambulis-mus, so dass Du wieder ganz Du selbst sein kannst. Erde Dich nun! Lasse aus Deinen Füßen heraus Wurzeln wach-sen und verbinde Dich ganz fest mit unserer Mutter Erde. Lasse nun die Energie und das Feld des Somnabulismus über Deine Füße in unsere Mutter Erde entschwinden."

Dieser Zusatz zur Hypnoseauflösung ist unbedingt erfor-derlich um sicher zu gehen, dass es nicht zu unerwünsch-ten Effekten kommt, wie ein Zurückgleiten in den hypno-tischen Zustand.

Vertiefungstechniken

Sobald die Hypnose induziert ist, wird sie vertieft. Es gibt hierfür die verschiedensten Techniken. Eine wunderbare Variante ist die verbale Vertiefung:

Beispiele:

„Tiefer und tiefer sinkst Du in diesen wunderschönen, angenehmen Zustand der absoluten Entspannung! Immer tiefer! Mit jedem Atemzug und mit jedem Wort, *das ich sage, sinkst Du tiefer und tiefer in diesen wunderschönen Zustand der absoluten Entspannung!"*

oder

„Entspanne Dich nun mehr und mehr! Jeder Takt dieser Melodie bringt Dich nun noch tiefer in diesen wunderschönen Zustand der absoluten Entspannung. Mit jedem Atemzug, mit jedem Takt dieser Melodie und mit jedem Wort*, das ich sage, sinkst Du noch tiefer in diesen wunderschönen Zustand der absoluten Entspannung!"*

Grundsätzlich kann man sich sehr viele Suggestionen ausdenken und zur Vertiefung einsetzen. Besonders gut geeignet sind Visualisierungen, die in irgendeiner Art und Weise nach unten führen:

„Du stehst am Anfang einer Treppe mit zehn Stufen und steigst nun ganz langsam, Schritt für Schritt, diese Treppe nach unten. Nach jedem Schritt atmest Du tief ein und

wieder aus. Mit jeder Stufe und mit jedem Atemzug sinkt Du tiefer und tiefer in diesen wunderschönen Zustand der Entspannung."

So oder ähnlich kann man wunderbar verbal vertiefen. Es gibt jedoch auch andere Methoden der Hypnosevertiefung:

Gleichgewichtsverlagerung:

Wenn der Proband steht oder rückenfrei sitzt, kann man eine Gleichgewichtsverlagerung zur Vertiefung einsetzen. Grundsätzlich sind diese Maßnahmen mit Vorsicht einzusetzen, das heißt, man muss den Hypnotisanden unter allen Umständen auffangen!

„Wenn ich Dich gleich an der Stirn berühre, wirst Du wie ein Brett nach hinten umkippen. Ich werde dann hinter Dir stehen und Dich auffangen. Du sinkst dann augenblicklich noch tiefer, immer tiefer und tiefer in diesen wunderschönen, angenehmen Schlaf." - Jetzt hinter den Hypnotisanden stellen und ganz leicht im Rückenbereich berühren, damit er spürt, dass jemand hinter ihm steht. Dann wird der Hypnotisand von hinten an der Stirn berührt und selbstverständlich sicher aufgefangen. Hierbei ist auch grundsätzlich auf den Kopf zu achten.

Aus der sitzenden Position heraus ist ebenfalls darauf zu achten, dass insbesondere der Kopf sicher aufgefangen wird.

Arm fallen lassen:

Insbesondere aus stehender Position heraus, oder auf weichem (!) Untergrund kann man die Hypnose vertiefen, indem ein Arm zunächst angehoben und dann mit den Worten „Schlaf, tiefer und tiefer" fallen gelassen wird.

Fraktionierung:

Man kennt es aus den Medien: Der Hypnotiseur berührt den Hypnotisanden (zum Beispiel) an der Stirn und der Hypnotisand sinkt im selben Moment in tiefe Hypnose. Das ist natürlich weder Trick noch Zauberei. Dieser Vorgang nennt sich „Fraktionierung" (unterbrochene Hypnose) und ist einer der effektivsten Vertiefungstechniken. Gleichzeitig ist es ein Beweis für den Hypnotisanden, dass er tatsächlich hypnotisiert ist. Damit diese Technik funktioniert, sind sogenannte „posthypnotische Suggestionen", also eine Programmierung, die auch nach der eigentlichen Hypnose noch wirksam ist, notwendig:

„Jedes Mal dann, wenn ich Dich an der Schulter berühre (jetzt nicht berühren), kannst Du Deine Augen öffnen. Jedes Mal dann, wenn ich Dich an der Stirn berühre (zeitgleich an der Stirn oberhalb der Nasenwurzel berühren), sinkst du augenblicklich noch tiefer, immer tiefer und tiefer in diesen wunderschönen, angenehmen Zustand der absoluten Entspannung!"

Diese Suggestion darf auch problemlos ein bis zwei Mal

wiederholt werden.

Wiederholung:

Das Schwierigste ist immer die Ersthypnose. Mit jeder erfolgreichen Hypnosesitzung wird der Hypnotisand immer tiefere Trancezustände erreichen. Natürlich gibt es auch einmal „schlechte Tage", grundsätzlich kann man jedoch davon ausgehen, dass jede erfolgreiche Hypnose tiefer geht. Das liegt unter anderem auch daran, dass die Ängste und Zweifel mit jeder erfolgreichen Sitzung weniger werden, sofern es ein angenehmes Erlebnis war und die Hypnose im gegenseitigen Einvernehmen durchgeführt wurde.

Störungen zur Vertiefung verwenden:

Für einen Hypnoseanfänger muss es der Horror sein: Störungen. Häufig herrscht die Meinung vor, dass eine Hypnose nur funktioniert, wenn absolute Ruhe herrscht. Meist kann man sich gar nicht vorstellen, dass man die Menschen selbst bei Jubel, Trubel, Heiterkeit in Trance oder gar in einen somnambulen Zustand bringen kann. Dass es doch funktioniert, wissen meine Seminarteilnehmer am ersten Tag, denn es ist mir eine Freude, die Teilnehmer ins kalte Wasser zu schmeißen und unter „übelsten" (lauten) Bedingungen hypnotisieren zu lassen. Nun kann man aber nicht nur unter solchen Bedingungen hypnotisieren, man kann sogar die Störung zur Vertiefung verwenden! Dies kann beispielsweise folgendermaßen aussehen:

„Jedes Mal dann, wenn ein Auto oder ein LKW vorbei fährt, sinkst Du augenblicklich noch viel tiefer in diesen wunderschönen Zustand der Entspannung…“

„Mit jedem Geräusch, das Du wahrnimmst, sinkst Du noch tiefer, immer tiefer und tiefer in diesen Schlaf!“

So kann der Zahnarzt beispielsweise Geräusche aus der Praxis zur Vertiefung einsetzen. Der Fantasie sind hierbei kaum Grenzen gesetzt.

Vertiefung mit Safe-Place:

Es gibt leider Tendenzen hin zur Hopplahopp-Hypnose. Zeit ist Geld heißt es oft und so wird gern darauf verzichtet. Auch haben manche Hypnotiseure gar keine Lust, sich den Mund fransig zu reden, oder sie kennen die Technik gar nicht. Einen Safe-Place (Wohlfühlraum) zu installieren, ist auch nicht bei jeder Hypnose notwendig. Das muss natürlich einmal klar gesagt werden. Trotzdem ist dieser Wohlfühlraum, der aus der „klinischen Hypnosetherapie“ heraus entstanden ist, eine schier geniale Erfindung. So weiß man insbesondere bei einer Therapie nie, ob man den Hypnotisanden möglicherweise in eine Situation bringt, in der er sich unwohl fühlt oder gar in Panik gerät. Ein Hypnotisand, der sich für eine Hypnosetherapie entschließt, hat sicherlich einiges an Problemen und wenn man anfängt, darin zu stöbern, kann man natürlich sehr schnell unangenehme Erfahrungen zu Tage bringen, mit denen der Hypnotisand möglicherweise in diesem Moment nicht klar kommt. Um hier vorzubeugen, installiert man im Rahmen der Vertiefung einen „Wohlfühlraum":

„Du stehst oben an einer Treppe mit zehn Stufen. Diese Treppe führt nach unten (Bitte die Treppe nicht näher beschreiben, da sie sicher nicht dem ersten Bild entspricht, das der Hypnotisand bekommt). Ganz unten befindet sich eine Tür zu Deinem ganz persönlichen Wohlfühlraum. Ein Raum, in dem Du Dich absolut wohl fühlst, in dem Du absolut sicher und geborgen bist. Du steigst nun langsam, Stufe für Stufe diese Treppe hinunter. Mit jedem tiefen Atemzug steigst Du wieder eine Stufe hinunter und mit jeder Stufe, die Du hinunter steigst, sinkst Du immer tiefer und tiefer, immer tiefer in diesen wunderschönen, angenehmen Zustand der Entspannung. Zehn … Neun … Acht (auf die Atmung achten und mit jedem Atemzug herunterzählen) … Drei … Zwei … Eins … Null (zwischendrin darf man noch kurze Vertiefungssuggestionen geben). Du öffnest die Tür und betrittst nun Deinen ganz persönlichen Wohlfühlraum. Dieser Raum ist nach Deinem Geschmack gestaltet und in der Mitte befindet sich eine Wohlfühl-Couch, auf der Du es Dir nun ganz bequem machst. Jedes Mal dann, wenn Du diesen Wohlfühlraum betrittst, wird alles was vorher war, völlig von Dir genommen sein. Du wirst Dich in diesem Raum *absolut wohl und sicher fühlen und du kannst ab sofort zu jedem Zeitpunkt, wenn Du es selbst für absolut notwendig erachtest, diesen Raum auch ohne Anweisung betreten. Auch jedes Mal dann, wenn ich Dich dazu auffordere, wirst Du ohne Verzöge-*

rung diesen Raum aufsuchen. In diesem Moment, sobald Du den Raum wieder betrittst, ist das was ich vorher zu Dir gesagt habe, völlig von Dir genommen und Du wirst Dich vollkommen wohl und sicher fühlen! (Wer einen weiteren Trigger einbauen möchte, kann auch das suggerieren) Das wird auch dann geschehen, wenn ich Dich am Knie/Ohr/ Finger, etc. berühre. Usw."

Mesmerisieren

Franz Anton Mesmer war Ende des 18. Jahrhunderts der Star in der High Society. Seine Variante, Menschen in Trance zu versetzen, waren sogenannte „Mesmersche Streichungen". Hierbei wird mit der Hand über den Körper gestrichen, ohne diesen zu berühren. Sie kennen diese Technik bereits von der energetischen Hypnoseinduktion. Nun kann man diese Technik jedoch in etwas abgewandelter Form zur Vertiefung der Hypnose einsetzen.

Bei allen energetischen Techniken ist es sinnvoll, sich zunächst zu „erden". Hierfür stellt man sich vor der eigentlichen Aktion vor, dass aus den eigenen Füßen heraus Wurzeln in den Erdboden hineinwachsen. So dass man fest verbunden ist mit der Mutter Erde. Erst wenn man sich richtig geerdet hat, sollte man energetisch arbeiten. Andernfalls kann es geschehen, dass auf wundersame Art und Weise Symptome auf den Hypnotiseur „überspringen". Man sollte energetische Hypnose und insbesondere energetische Techniken grundsätzlich nur dann anwenden, wenn man auf der Höhe seiner Kraft ist. Insbesondere bei energetischen Induktionen oder Vertiefungen wird jedoch auch ein Energieausgleich stattfinden. Ein Hypnotisand, der wenig eigene Energie mitbringt, wird demnach dem Hypnotiseur Energie abziehen. Das kann bis zur Erkrankung des Hypnotiseurs führen. Eine vorherige Erdung kann dies zumindest lindern, in den meisten Fällen jedoch komplett verhindern.

Während die Technik des „Mesmerisierens" aus „magnetischen" Strichen bestand, also aus Streichungen parallel zum Körper, werden heute zur Vertiefung kreisende Bewegungen über den Energiezentren des Körpers, den sogenannten Chakren ausgeführt.

Zur Vertiefung der Hypnose wird **entgegen dem Uhrzeigersinn**, also links herum, gestrichen. Bei der Auflösung der Hypnose werden die entsprechenden Chakren wieder durch Streichungen **im Uhrzeigersinn** aktiviert.

Die sieben „offiziellen" Haupt-Chakren:

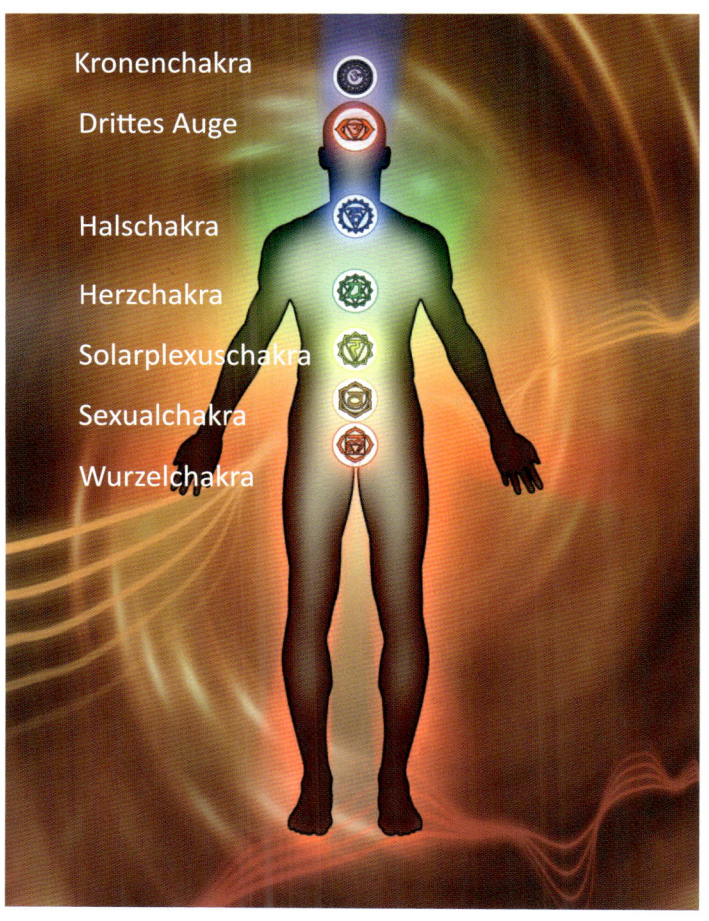

Kronenchakra

Drittes Auge

Halschakra

Herzchakra

Solarplexuschakra

Sexualchakra

Wurzelchakra

DAS WESEN DER SUGGESTION

Hypnose oder Trance ist das Eine, die Suggestion das Andere. Eine Suggestion ist die Einflussnahme auf unser Empfinden und Handeln, häufig durch Worte.

Ambroise-Auguste Liébeault (1823-1904) verstand unter dem Begriff Suggestion „die Auslösung einer Vorstellung, in deren Gefolge bestimmte physische oder psychische Erscheinungen auftreten".

Dr. Ludwig Mayer schreibt 1937: „Alle Erscheinungen, die im echten hypnotischen Suggestionszustand hervorgerufen worden sind, zeigen in hohem Maß das Moment der subjektiven Überzeugtheit der Versuchsperson. Die Versuchspersonen glauben fest an die Richtigkeit und Wirklichkeit ihrer Empfindungen und Handlungen. Es gelingt selbst durch die Aufforderung zur Überlegung, zur Kritik, zum Zweifel nicht, sie in ihrer Überzeugung irre zu machen. Deshalb hat man diese psychische Situation auch dahin definiert, dass die Suggestionen Überzeugungen **ohne ausreichende Motivierung** seien, deren Intensität in einem klaffenden Missverhältnis zu der sachlichen Berechtigung ihrer Motive steht. Ein weiteres Merkmal, das der Suggestion zugeschrieben wird, besteht in dem zwangsartigen Charakter, der der Ausführung der suggerierten Vorstellung anhaftet."

Prinzipiell wird der Mensch also unter Umgehung der Kritikfähigkeit getäuscht. Dies kann als so genannter „Placebo-Effekt" die Selbstheilung des Organismus sein, oder in tiefer Hypnose (Somnambulismus) sogar eine komplette Halluzination aller Sinne.

Eine Suggestion bedarf keiner Hypnose, durch die Hypnose wird sie jedoch umso wirksamer. Ein gutes Beispiel ist die alltägliche Werbung. Am Beispiel der Waschmittelwerbung erkennen wir, welche Mittel eingesetzt werden. Wie weiß soll es denn noch werden? Mit der Qualität der Waschmittel kann nicht mehr wirklich geworben werden, also müssen andere Kriterien ausschlaggebend sein. Es wird demnach *suggeriert*, dass man dieses oder jenes Waschmittel kaufen müsse. Genauso verhält es sich mit anderen Waren, die nicht über Qualität verkauft werden können. Es muss ein Bedürfnis hervorgerufen werden und das kann man mittels Suggestionen erreichen. Wir können froh sein, dass die Werbung keine Hypnose einsetzen darf, denn dies wirkt aufgrund der Einschränkung der Kritikfähigkeit wie ein Suggestionsverstärker.

Suggestionen wirken auch im normalen Wachzustand – und sie wirken auf den gesamten Körper!

Stellen Sie sich einmal ihre Leibspeise vor, ihr absolutes Lieblingsgericht, wie es gerade vor Ihnen serviert wird. Stellen Sie sich vor wie es aussieht, wie es duftet und vielleicht sogar wie es schmeckt!

Merken Sie, wie Ihnen regelrecht das Wasser im Mund zusammenläuft? Ihr Magen produziert Magensäure in

Erwartung der kommenden Mahlzeit. Möglicherweise ändert sich sogar der Insulinspiegel im Blut! Doch was haben wir getan? Nichts! Ich habe Ihnen mittels weniger Sätze nur ein gutes Essen „suggeriert"! Völlig ohne Hypnose oder anderen bewusstseinsverändernden Mitteln habe ich eine Körperreaktion bei Ihnen hervorgerufen. Sicher, bei einem Menschen wird es eine heftige Reaktion hervorrufen, bei einem anderen Menschen wird die Reaktion weniger heftig ausfallen. Wir sind ja Individuen. Eine Reaktion wird es jedoch sicher auch messbar gegeben haben. Wenn bereits eine einfache Vorstellung, völlig ohne Hypnose, eine solche Reaktion hervorruft, wie wird es dann erst in Hypnose sein?

Grundsätzlich können wir davon ausgehen, dass die Wirksamkeit von Suggestionen von zwei Faktoren abhängt - einerseits von der Häufigkeit der Wiederholungen, aus diesem Grund ist Werbung auch so penetrant, und andererseits von der Hypnosetiefe. Die zunehmende Hypnosetiefe bietet jedoch noch weitere Vorteile. Je tiefer die Hypnose, umso weniger Kritik wird den Suggestionen entgegen gebracht. Dies geht so weit, dass man dem Hypnotisanden sogar eine andere Persönlichkeit suggerieren kann, die dieser problemlos annimmt.

Wichtig bei einer **hypnotischen Suggestion** ist, dass man darauf achten muss, **wortwörtlich** zu suggerieren. Suggestionen werden vom Unterbewusstsein wortwörtlich umgesetzt. Man muss daher unbedingt darauf achten, dass die Suggestion nicht zweideutig ist, oder missverstanden werden kann. Je tiefer die Hypnose ist, je intensiver der Kontakt zum menschlichen Unterbewusstsein ist, umso mehr muss man sich daran halten, damit es nicht zu unerwünschten Ergebnissen kommt. Grundsätzlich ist eine Kommunikation natürlich immer so zu gestalten, dass es nicht zu Missverständnissen kommt. Das ist bereits im normalen Leben so und seit es E-Mail und Internet gibt, kennt jeder auch die häufigen Missverständnisse, die, aufgrund nicht eindeutig gemachter oder interpretierter Aussagen, auftreten. Damit es klar wird, wie ich das meine, hier ein paar Beispiele:

Wie Sie wissen, war ich jahrelang auf den Bühnen dieser Welt als Showhypnotiseur unterwegs. Eine Show ist natürlich Entertainment, also Unterhaltung. Im Rahmen einer solchen Show habe ich einem der Probanden suggeriert, dass er auf einem Motorrad (ein Stuhl) sitzt. Sicher erinnern Sie sich. Dieses Beispiel habe ich bereits am Anfang des Buchs verwendet. Ein Helfer aus dem Publikum kniete sich davor und der Proband nahm dessen Ohren als „Lenker" in die Hand. Auf meine Anweisung hin „fuhr" er los. Gleich ging es auf die virtuelle Autobahn. „Dein Motorrad macht auch ein Geräusch, das ahmst Du nach!" rief ich ins Mikrofon. Er fuhr mit seinem „Motorrad" wie ein Profi und legte sich auch wunderbar in die virtuellen Kurven, bis ich in meinem Elan ganz laut rief: „Das ist ein ganz heißer Ofen!". Im Publikum war jeder der Meinung, dass es sich um ein tolles Motorrad handelt. Mein Proband

jedoch sprang sofort von seinem Stuhl, also dem suggerierten Motorrad hoch. Ich wiederum hatte das Bild eines
Motorradfahrers vor meinem geistigen Auge, der gerade
mit 200 Sachen auf der Autobahn unterwegs ist. Natürlich
wird kein Motorradfahrer bei 200 km/h von seiner Maschine abspringen, daher war ich etwas irritiert. Im Rahmen einer Live-Veranstaltung ist natürlich vieles improvi-
siert. So auch diese Suggestion, die ich völlig unüberlegt
im Elan der Situation gab. Erst als ich nachdachte, was ich
zuletzt suggeriert hatte, wurde mir klar, was geschehen
war. „Das ist ein ganz heißer Ofen" wird vom Unterbewusstsein wortwörtlich umgesetzt und somit hatte sich
mein Proband suggestiv das Hinterteil verbrannt! Das war
für mich ein Schlüsselerlebnis. Ich rannte gleich auf ihn
zu und suggerierte ihm sofort: „Du hast Dich jetzt nicht
verbrannt, Dein Hintern ist angenehm kühl, setz' Dich auf
Dein Motorrad und fahr' weiter!". Daraufhin fuhr er auf
seinem Stuhl weiter, als ob nichts geschehen wäre. Das
Beispiel zeigt sehr gut, wie Suggestionen wortwörtlich
umgesetzt werden. Unser Wachbewusstsein verknüpft
den „heißen Ofen" mit einem tollen Motorrad, während
das Unterbewusstsein mit der Suggestion auch gleich
eine Verbrennung verbindet. Nicht auszuschließen wäre
hier auch grundsätzlich die körperliche Reaktion, wie
Brandblasen oder im schlimmsten Fall sogar ein Schock,
der sofortiger ärztlicher Hilfe bedarf.

Wie sich nicht eindeutige Suggestionen auswirken können, zeigt auch das folgende Beispiel. Vor einigen Jahren

rief mich am Abend einer meiner Schüler an. Er war fix und fertig und erklärte mir, dass während einer Hypnosesitzung irgendetwas schief gelaufen ist und er nun neben sich eine Frau hat, die nicht mehr weiß wie sie heißt, wo sie wohnt, wer sie überhaupt ist. Er war völlig außer sich und ich war seine letzte Hoffnung, da es zu diesem Zeitpunkt noch nicht die große Anzahl an Hypnotiseuren gab. Auf meine Nachfragen hin stellte sich heraus, dass er „nur" die Suggestion *„Dein Kopf ist klar und frei"* gab, wie sie in vielen Hypnose-Lehrbüchern steht. Nun, was bedeutet „klar und frei"? „Frei von Erinnerung" ist auf jeden Fall eine mögliche Interpretation, denn dieser Satz wird ja grundsätzlich zunächst interpretiert. Eine Wertung der Suggestion erfolgt in tiefer Hypnose so gut wie gar nicht mehr. Maximal bei Suggestionen, die beispielsweise das Schamgefühl extrem verletzen oder die völlig gegen die Persönlichkeit gerichtet sind, haben eventuell ein Abbruch der Hypnose und einen Rapportverlust zur Folge. In dem Fall meines Beispiels wurde die Suggestion angenommen und zwar mit durchschlagendem Erfolg. Dass ein Hypnoseanfänger mit einer solchen Situation überfordert ist, ist klar, denn auch Suggestionen wie: „wenn ich Dich an der Stirn berühre, hast Du alle Erinnerungen wieder" sind in einer solchen Situation oft nicht wirksam. Man kann das mit einem Computer vergleichen, bei dem die Festplatte formatiert wurde. Die Grundfunktionen des Computers sind noch vorhanden (BIOS), der Rest jedoch ist gelöscht. So war es auch in diesem Fall. Erst eine „Systemwiederherstellung" brachte den gewünschten Erfolg. Ich erklärte ihm also, wie er mit der jungen Frau eine Regression (Rückführung) durchführen konnte. Die Dame wurde zurückgeführt zu dem Zeitpunkt, als sie noch alles wusste. Diesen Zustand haben wir dann in die Gegenwart „mitgenommen". Somit war die Erinnerung wieder vorhanden und bis auf einen riesigen Schrecken beim Hypnotiseur, ist nichts zurück geblieben. Was aber, wenn kein erfahrener Kollege verfügbar ist? Der Zustand kann theoretisch extrem lange anhalten. Endstation wäre hierbei eventuell die Psychiatrie gewesen. Die Ärzte in einer solchen Institution können häufig mit solchen Dingen gar nicht umgehen, daher ist es absolut notwendig, jegliche Suggestionen gut zu durchdenken. Das gilt insbesondere dann, wenn die Suggestionen nach der Hypnose nicht genommen werden, damit sie dauerhaft bestehen bleiben.

Ein Beispiel, wie man es auf keinen Fall machen sollte, habe ich in einem Buch gefunden, dessen Autor meine persönlichen Hypnoseinduktionen anscheinend so oft gehört hat, dass er sie nur wenig abgeändert unter seinem Namen veröffentlichen musste. Leider ist das, was hinterher kommt extrem bedenklich, wie diese Beispiele belegen:

„Dein Unterbewusstsein erhält nun den strikten Auftrag, Dich mit Reichtum zu versorgen. Die unbekannten Kräfte Deines Geistes ziehen ab jetzt den Überfluss in Dein Leben."

Überlegen wir einmal, was hier geschehen könnte. Was ist Reichtum? Bewusst werden wir wahrscheinlich an ein gut gefülltes Bankkonto denken. Unser Unterbewusstsein wird jedoch sicher etwas anderes wählen. Wir sind nicht auf der Welt, um reich, im Sinne von Geld, zu werden. Unter „reich" könnte unser Unterbewusstsein viel eher Erfahrungen meinen. Reich an Erfahrungen also beispielsweise und das auch noch im Überfluss! Erfahrungen sind wiederum wertfrei. Also werden es im Überfluss auch viele negative Erfahrungen sein, die diese Suggestion beschert. Der Hypnotisand wiederum wird gar nicht auf die Idee kommen, dass ihm die Ratschläge in dem Buch sicher keinen Vorteil bringen werden. Ganz abgesehen davon, dass ich nicht weiß, welche „unbekannten Kräfte" das Unterbewusstsein hier aktivieren sollen. Wenn, dann sollten es doch Kräfte sein, die das Unterbewusstsein auch kennt, oder?

„Es ist völlig egal was Du tust, Du wirst ab jetzt mit jedem Tag in jeder Beziehung reicher und reicher."

Überlegen Sie einmal selbst, was daraus entstehen kann... Noch ein Tipp: „...in jeder Beziehung".

An dieser Stelle warne ich auch ausdrücklich davor, NLP (Neurolinguistisches Programmieren) während einer tiefen Hypnose einzusetzen. Auch wenn es Literatur gibt, in der ich für diese Aussage lächerlich gemacht werde, bleibe ich ganz ausdrücklich dabei. Natürlich werden auch im

Rahmen der Neurolinguistischen Programmierung Suggestionen eingesetzt, die auch im Rahmen einer Tieftrance
unschädlich wären. Als Anfänger kann man jedoch extrem
schnell in die Falle gehen. NLP ist entwickelt worden, um
das Bewusstsein, also die Kontrolle des Bewusstseins zu
umgehen. Das ist bei der Hypnose bereits geschehen und
somit nicht mehr notwendig. Da unser Bewusstsein völlig
anders arbeitet, als unser Unterbewusstsein, sind die Ergebnisse daher oft nicht vorhersehbar. Wer sagt, dass es
kein Problem darstellt, hat das hingegen entweder noch
nie ausprobiert, oder er hat einfach nur Glück gehabt. Mit
Professionalität hat es jedenfalls nichts zu tun. Daher sollten Sie unter allen Umständen NLP oder andere indirekte
Techniken bei der tiefen Hypnose weglassen.

Doch wie macht man es nun richtig?

Grundsätzlich müssen wir, wie bereits gesagt, beachten,
dass die Suggestionen wirklich eindeutig sind. Wichtig ist
auch, dass die Suggestionen positiv formuliert sind. Wenn
wir Taxi fahren, sagen wir dem Fahrer ja auch, wo wir hinfahren wollen, und nicht, wo wir nicht hinwollen. Selbstverständlich darf die Suggestion jedoch Einschränkungen
aufweisen, die mit Negationen formuliert sind:

Beispiel: „Du fühlst Dich vollkommen wohl und hörst nur
noch diese wunderschöne Melodie und meine Stimme.
Du lässt Dich durch irgendwelche Geräusche **nicht** stören.
Du sinkst mit jedem Atemzug, mit jedem Takt dieser Me-

lodie und mit jedem Wort, das ich sage, immer tiefer und tiefer."

Manches Mal ist es gar nicht so einfach, das wirklich er-wünschte Ergebnis zu erhalten. Um beim Beispiel „Geld" zu bleiben, da ich das als Negativbeispiel gewählt habe, sollten wir uns überlegen was Geld ist. Geld ist bedruck-tes Papier, Metall oder auch eine Zahl im Computer. Mit Geld alleine können wir weder überleben, noch können wir damit etwas anfangen. Erst der Wert des Geldes ist es, der uns Möglichkeiten gibt. Die Möglichkeit, Geld um-zuwandeln in materielle Güter oder Dienstleistungen, ist es, was Geld für uns wertvoll macht. Doch Geld alleine ist völlig wertlos. Also ist es prinzipiell auch Unsinn, Sugge-stionen zu geben, die für Geld sorgen sollen. Gehen wir doch einen Schritt weiter. Was wollen wir erreichen? Ist es nicht vielmehr so, dass wir glücklich sein wollen? Wenn man, um glücklich zu sein, Geld benötigt, wird das vom Unterbewusstsein automatisch berücksichtigt. Geld ist ja nur ein Mittel zum Zweck und wir sollten uns bei Sug-gestionen immer das Endergebnis, das erreichte Ziel, in diesem Fall also einen rundherum glücklichen Menschen vorstellen. Unmengen an Geld hatten die Leute im letz-ten Jahrhundert auch schon: Bei der Hyperinflation in der Weimarer Republik 1922-1923. Doch wie schon gesagt, was nützt das viele Geld, wenn die Kaufkraft fehlt?

Bei der klassischen Hypnose werden wir **direkte** Sugge-stionen geben. Das kann so direkt sein, dass wir bereits bei der Suggestion den Weg ganz genau vorgeben, oder so, dass wir das Endergebnis vorgeben und den Weg dorthin eingrenzen, bzw. dem Unterbewusstsein die gesamte Kontrolle über den Prozeß geben.

Ein Beispiel hierzu:

Prüfungen sind ein häufiges Thema. Um eine Prüfung zu bestehen, muss man nicht nur den Lernstoff beherrschen. Vielmehr ist es wichtig, bei der Prüfung selbst einen kühlen Kopf zu bewahren und die Angst vor dem Misserfolg zu überwinden. Wenn der Lernstoff sitzt, was natürlich Voraussetzung für den Erfolg ist, ist der Rest relativ einfach. Wir suggerieren mittels Bildern und positiven Emotionen die Prüfungssituation und das erfolgreiche Ergebnis. Damit geben wir dem Unterbewusstsein das Ziel, das erreicht werden soll, vor. Danach wird dem Unterbewusstsein auf direktem Weg suggeriert, wie das Ziel zu erreichen ist. Das kann beispielsweise folgendermaßen aussehen:

„Du siehst nun vor Deinem geistigen Auge die Situation der Prüfung. Es geht Dir gut und Du fühlst Dich vollkommen wohl, während nun die Prüfungsunterlagen ausgeteilt werden. Eine wohltuende Energie durchströmt Deinen Körper und Deinen Geist und Du spürst die Gewissheit, diese Prüfung voller Erfolg zu absolvieren. Voller Elan füllst Du mit der hilfreichen Unterstützung Deines Unterbewusstseins die Prüfungsunterlagen aus. ...

*etc. etc. … Die Prüfungsergebnisse werden bekannt gegeben. Du hast mit einem besonders guten Ergebnis bestanden! Ein wunderbares Gefühl der Freude durchströmt Deinen Körper und Deinen Geist. Bekannte und Freunde beglückwünschen Dich und das wunderbare Gefühl, das Dich durchströmt, wird immer intensiver… Dein UnterBewusstsein **wird Dir ab sofort und in Zukunft** dabei helfen, sämtliche Prüfungen und ähnliche Aufgaben voller Erfolg zu meistern…"*

Das ist natürlich nur ein Gerüst, es zeigt jedoch, wie man mit Bildern und Emotionen direkte Suggestionen geben kann. Es wird die Richtung vom Hypnotiseur vorgegeben und es wird das Ziel (Endergebnis) vorgegeben. Dann wird die Anweisung erteilt, dieses Ziel zu erreichen. Auf welche Art und Weise, kann man natürlich weiter eingrenzen. Trotzdem werde ich einen Großteil der Weisheit des Unterbewusstseins überlassen.

Im Rahmen einer Showhypnose oder auch bei Tests der Hypnosetiefe wird man in der Regel nicht so weit ausschweifen. Hier werden die Suggestionen relativ kurz und knapp gegeben. Auch hierfür ein Beispiel, diesmal aus dem Bereich Showhypnose - die Suggestion einer Sprachblockade:

„Wenn ich Dich nun gleich wecke, öffnest Du Deine Augen, dann kannst Du Deinen eigenen Namen nicht mehr aussprechen. Um so öfter Du es versuchst, um so weniger wird es Dir gelingen. Eins, zwei, *drei,* öffne Deine Augen!"

Der Proband wird bei eingetretenem Somnambulismus seinen Namen nicht mehr aussprechen können. Hierfür muss man keineswegs um den heißen Brei herumreden. Die kurze, direkte Suggestion genügt vollkommen. Der Hypnotisand weiß zwar noch, wie er heißt, er kann den Namen jedoch nicht aussprechen. Wenn die Trance bereits tief genug ist, kann man einen Schritt weiter gehen: „Wenn ich Dich nun gleich wecke, öffnest Du Deine Augen, dann hast Du Deinen eigenen Namen vergessen, Du kannst Dich nicht mehr erinnern, wie Du heißt."

Selbstverständlich müssen die Suggestionen gleich wieder aufgehoben werden. Es handelt sich hier um Beispiele, um klarzustellen, dass das Unterbewusstsein problemlos Negationen verarbeiten kann und dass es extrem einfach ist, direkte Suggestionen zu geben. Für einen Hypnotisanden, der selbst nicht glaubt, in Trance zu sein, ist das mit Sicherheit ein sehr guter Beweis für seinen Zustand.

Der Glaube versetzt Berge…

… so heißt es im Volksmund und er hat vollkommen Recht. In heutiger Zeit gibt es viele Bücher und DVDs zum Thema, wie zum Beispiel „The Secret – Das Geheimnis". Bis auf Kleinigkeiten halte ich den Film für sehr gut, denn er zeigt, wie man es machen sollte, aber er zeigt auch, wie man Fehler begeht. Man kann das für die Hypnose sehr gut adaptieren. Jedoch sind wir mit der Hypnose einen riesengroßen Schritt weiter, als jeder, der nach „The Secret"- oder „Bestellungen beim Universum" -Manier versucht, zu glauben. Mit der Hypnose, und je tiefer um so besser, umgehen wir den Kritiker im Bewusstsein. Das Unterbewusstsein hingegen glaubt sowieso alles! Also ist es doch wirklich so einfach, oder? Wir versetzen uns oder unseren Klienten in Trance und suggerieren dann das gewünschte Ergebnis. Das Wichtigste dabei ist nur, dass es absolut **eindeutig** ist. Der Hypnotisand, bzw. sein Unterbewusstsein wird glauben, und die Macht unseres Unterbewusstseins wird dafür sorgen, dass sich der Glaube erfüllt (oder dass sich Berge versetzen). Natürlich funktioniert das nur in einem Rahmen, der auch erfüllbar ist und im Rahmen der Möglichkeiten. Es gibt zum Beispiel bisher in Hypnose noch keine Möglichkeit, Gliedmaßen nachwachsen zu lassen. Das heißt, wir kennen noch keine Möglichkeit, das zu bewerkstelligen.

Was aber passiert, wenn wir Suggestionen geben, denen der Hypnotisand nicht folgen kann, weil beispielsweise das nötige Wissen fehlt? In diesem Fall wird das Unterbewusstsein aus dem vorhandenen Wissen heraus versuchen, der Suggestion Folge zu leisten und genau hier könnte sich wieder eine theoretische Gefahr ergeben. So werde ich häufiger auf Drogenkonsum und Hypnose angesprochen und genau das möchte ich hier wieder als Beispiel für die Funktionsweise des Unterbewusstseins anbringen.

Nehmen wir einmal an, wir haben einen Hypnotisanden, Herrn Conny Welz (Name frei erfunden). Herr Welz hat noch nie in seinem Leben etwas von Drogen gehört, geschweige denn Drogen zu sich genommen. Einzig einen Film über das Halluzinogen LSD (Lysergsäurediäthylamid) hat er gesehen und dabei im Gedächtnis abgespeichert, dass man einen Horrortrip bekommen kann. Nun kommt der Hypnotiseur Ralf E. Stoffler (Name frei erfunden) auf die Idee, mit Conny Welz ein interessantes Experiment unter Hypnose durchzuführen. Nun, Hypnotiseur Stoffler sieht sich als etwas Besonderes an, obwohl er erst vor kurzem seine Ausbildung hinter sich gebracht hat. Aber er hat ja alle seine Lehrer übertroffen und so denkt er, wie so häufig, nicht nach und weist alle Warnungen als Unsinn von sich. Hypnotisand Welz geht tief in Trance und bekommt von Hypnotiseur Stoffler die Suggestion, dass er nun gleich einen „Joint" zu rauchen bekommt. Stoffler reicht Welz eine normale Zigarette, die Welz raucht. Gleichzeitig beginnt das Unterbewusstsein von Welz die Suggestion auszuführen, doch kennt das Unterbewusstsein von Conny Welz keinen „Joint". Einzig die Verknüpfung „Joint = Drogen" kann gefunden werden. Doch auch bei Drogen findet sich nicht besonders viel, außer „Drogen = LSD". Nun wird weiter verknüpft „LSD = Horrortrip", und um der Suggestion am nächsten zu kommen, wird Conny Welz einen Horrortrip bekommen, geliefert von seinem Unterbewusstsein, als Reaktion auf die Suggestion, dass er nun einen „Joint" raucht. Da Hypnotiseur Stoffler aufgrund mangelnder Erfahrung nicht weiß, wie man in einem solchen Fall reagiert und selbst in Panik gerät, landet Welz am Ende in der psychiatrischen Abteilung des Landeskrankenhauses. – Ende des hypothetischen Falls.

Das ist natürlich ein Extremfall, ich denke jedoch, dass gerade solche Beispiele die schier unglaublichen Möglichkeiten des Unterbewusstseins und insbesondere von Suggestionen aufzeigen.

Experimentelle Hypnose

Ich möchte an dieser Stelle ein paar weitere Beispiele nennen, um zu zeigen, wie Hypnose wirkt und wie **einfach** viele Dinge sind, wenn man die „Verkehrsregeln" kennt.

1. Zahnschmerzen

Grundsätzlich muss ich dazu sagen, dass Schmerzen erstens ein Alarmsignal sind und zweitens, dass es einen Verstoß gegen geltende Gesetze darstellt, wenn man das berufsmäßig ausübt. Insbesondere bei wiederkehrenden Schmerzen ist Alarmstufe rot angesagt! Bitte nehmen Sie das nicht auf die leichte Schulter und konsultieren Sie einen Spezialisten in diesem Fall. Auch bei Zahnschmerzen, wie in diesem Fall, sollte man vorsichtig sein, da sicher die Wenigsten zum Zahnarzt gehen, wenn es nicht mehr schmerzt. Nun aber zur wohl einfachsten „Schmerzweg"-Suggestion, die ich je getestet habe.

Es war ein Sonntag und meine Partnerin bekam plötzlich

starke Zahnschmerzen. Es gab grundsätzlich drei Möglichkeiten: Schmerzmittel, zahnärztlicher Notdienst oder Hypnose und einen Termin beim gewohnten Zahnarzt am nächsten Tag. Sie entschied sich für die Hypnose und so bekam ich Gelegenheit, wieder etwas Neues zu testen. Ich versetzte meine Partnerin auf ihr Geheiß hin in somnambulen Zustand und suggerierte sinngemäß wie folgt:

„Du kannst jetzt laut und deutlich mit mir reden. Mit jedem Wort, das Du selbst sagst, sinkst Du noch tiefer in diesen wunderschönen Zustand der Entspannung. Du gehst nun mit Deinem geistigen Auge zu dem schmerzenden Zahn. Siehst Du diesen Zahn deutlich vor Deinem geistigen Auge?" – „Ja!" – „Nun schau einmal unten an der Zahnwurzel. Da läuft der Nerv aus dem Zahn heraus. An diesem Nerv hängt ein kleines Kästchen mit einem Schalter und einer Kontrolllampe. Die Lampe leuchtet und der Schalter steht in der Stellung ‚Ein'. Siehst Du dieses Kästchen?" – „Ja!" – „Nun, schalte den Schalter aus und sag mir Bescheid, wenn Du ausgeschaltet hast!" – „Ja, ich habe ausgeschaltet." – „Gut. Leuchtet die Kontrolllampe noch?" – „Nein." – „O.K. Der Schmerz wird jetzt vom Nerv bis zu diesem Kästchen geleitet. Da ist der Schalter auf ‚Aus'-Stellung. Von dort aus geht es also nicht mehr weiter. Richtig?" – „Ja."

Danach folgte die Auflösung. Die Schmerzen waren ab diesem Moment völlig verschwunden. Am nächsten Tag habe ich vor dem Zahnarztbesuch diese Suggestion noch

einmal wiederholt. Obwohl es sich um einen Weisheits-
zahn handelte, der entfernt werden musste, hat meine
Partnerin nicht das Geringste gespürt und wollte die Zah-
nextraktion völlig ohne Betäubung durchführen lassen.
Dem behandelnden Zahnarzt war das jedoch nicht ge-
heuer. Er hatte absolut keine Erfahrung mit Hypnose. Er
setzte aus diesem Grund trotzdem eine Injektion, da er
der Sache nicht traute und nicht hätte arbeiten können.

2. Spielkarten an der Rückseite erkennen

Im Buch „Die hohe Schule der Hypnose" von Kurt Tepperwein kann man auf den ersten Blick sehr kuriose Suggestionen nachlesen. So unter Anderem auch „Karten an
der Rückseite erkennen". Zu meinen Anfängen als Hypnotiseur, in den 80er Jahren des letzten Jahrhunderts, habe
ich natürlich auch das testen müssen. Insbesondere auch

aus dem Grund, da ich sehr viele somnambule Hypnotisanden hatte, die sich gerne zur Verfügung gestellt haben
und die von der Hypnose ebenso fasziniert waren, wie

ich auch. Niemals vergessen werde ich wohl die Aktion, die ich in einer Gaststätte in der Nähe von Kulmbach mit meiner damaligen Partnerin durchgeführt habe. Nun, wir waren jung und wir waren in Partystimmung. Ich war zu diesem Zeitpunkt bereits als „Der Hypnotiseur" bekannt, doch meine Versuche mit paranormalen Phänomenen waren noch relativ unbekannt. Einer der Anwesenden jedoch hatte meine Experimente mit den Karten bereits miterlebt und so machte es die Runde: „Die Frau kann Karten an der Rückseite erkennen!". Natürlich war un-gläubiges Kopfschütteln die erste Reaktion. Sehen wollte es dann aber doch jeder. Also holten wir, um jeden Be-trug auszuschließen, ein frisches Päckchen Schafkopf-Spielkarten (32er Blatt). Weder ich, noch meine Partnerin bekamen die Karten je in die Hand. Das Kartenspiel war in Folie eingeschweißt und wurde von meinen Wettpartnern geöffnet. Wir hatten nämlich gewettet, dass ich für jedes Mal „Nicht Erkennen" ein Getränk zahle, während ich für jeden positiven Durchgang ein Getränk gewinne. Ich habe dann angewiesen, die Karten mit der Rückseite nach oben auf dem Tisch so zu verteilen, dass wir jede einzelne Karte vollflächig sehen können und dann eine der Karten um-zudrehen. Es war damals die „Schellen 8". Dann wies ich an, diese Karte auch wieder umzudrehen und suggerierte sinngemäß wie folgt:

„Ich zähle gleich bis Drei. Bei Drei angelangt, öffnest Du Deine Augen. Ich zeige Dir dann eine Karte und Du siehst auf dieser Karte ganz deutlich ein leuchtendes, rotes

Kreuz. Du wirst dieses Kreuz jedes Mal sofort wieder erkennen, sobald Du diese Karte wieder siehst. Ein leuchtendes rotes Kreuz ist auf der Rückseite dieser Karte zu erkennen! Eins, zwei, drei, öffne Deine Augen!"

Ich deutete auf die Karte, ohne die Karte zu berühren, damit mir niemand einen Betrug unterstellen konnte. Dann durften die Mitstreiter die Karten gut durchmischen und wieder mit der Rückseite nach oben auf dem Tisch auslegen, so dass jede einzelne Karte vollflächig sichtbar war. Dann fragte ich meine Partnerin, wo die Karte mit dem roten Kreuz ist. Sie sollte nur hindeuten und die Karte nicht berühren. „Na, da!" Volltreffer! Ich möchte es nun kurz machen. Nach dem siebten oder achten Mal gingen die Anderen mit dem Kartenspiel zum Mischen vor die Tür. Sie konnten es nicht fassen und meine Partnerin reagierte schon richtig gelangweilt. Sie fragte mich, was das soll. Denn für sie war das rote Kreuz ja sichtbar und sie hatte aufgrund der Hypnose keine Ahnung, dass nur sie es wahrnehmen konnte. Daher war es für sie natürlich eine dumme Frage, die ich andauernd wieder stellte. Übrigens, keine Sorge, ich habe die Getränke dann gespendet, denn so viel konnte ich unmöglich alleine trinken. ☺

Dieses Experiment hat nach weit über zwanzig Jahren auch Thomas Wenzl (Tom Ice), ein Ausbilder der Hypnoseakademie, mit einem unserer Seminarteilnehmer durchgeführt. Sie hätten die Gesichter der Anwesenden sehen sollen, als auch das funktionierte.

3. Der Nacktscanner

Zum jetzigen Zeitpunkt, in dem diese Zeilen entstehen, ist in Deutschland die Diskussion über sogenannte „Nacktscanner" an Flughäfen in vollem Gange. Diese Geräte sollen die Kleidung mittels Terahertzwellen durchdringen und so die nackte Haut sichtbar machen. Nun, während die Wissenschaft hier die angeblich neueste Entwicklung vorstellt und die Menschen über Sinn und Unsinn diskutieren, haben die Showhypnotiseure seit langem Mittel und Wege entdeckt, durch die Kleidung hindurch zu sehen!

„Wenn ich Dich wecke, siehst Du jede Person in diesem Raum, außer mir ☺, *splitternackt!*"

Diese Suggestion beinhaltet eine negative Halluzination. Etwas Vorhandenes wird weghalluziniert. Aus diesem Grund ist eine sehr tiefe Trance notwendig, damit es funktioniert. Nun hatten wir im Rahmen der Showhypnosen immer viel Spaß mit diesen Suggestionen, doch sind auch seltsame Dinge dabei aufgetreten. In einer Discothek in Bamberg (Oberfranken) beispielsweise, fing eine Frau, die diese Suggestion erhalten hatte, das Lachen an. Sie deutete auf eine Frau im Publikum und amüsierte sich köstlich über einen „Strich am Bauch", den sie genau beschrieb. In der Pause kam dann ein junger Mann auf mich zu und fragte mich, ob man das „echt" sieht, oder wie das sonst funktioniert. Hintergrund war der, dass diese Dame mit dem Strich am Bauch seine Verlobte war, die eine frische Narbe wegen einer Kaiserschnittgeburt hatte, die genau wie beschrieben aussah. Die beiden Frauen kannten sich auch nicht. Das Paar war nur zu Besuch und rein zufällig an diesem Abend in der Discothek.

Dieser Vorfall ist natürlich kein wissenschaftlicher Beweis. Soviel ist klar. Meine Experimente, die ich privat durchgeführt habe, haben jedoch ebenfalls ergeben, dass es für bestimmte Personen möglich ist, durch feste Materie zu sehen. Hinzu kommen die Ergebnisse meiner früheren Showhypnose-Kollegen, die ein wenig weiter gingen als ich und die Somnambulen aufforderten, Intimpiercings beim Publikum zu zeigen – mit Erfolg!

4. Die negative Halluzination

Noch einen großen Schritt weiter gegangen bin ich zum Beispiel 2007 in einer Live-Sendung von RTL „Unglaublich – Die Show der Merkwürdigkeiten". Ich erwähne das hier, da es nachvollziehbar ist und Videoaufzeichnungen darüber existieren. Im Rahmen meines Auftritts, bei dem zwei völlig somnambule Besucher der Show mitwirkten, die ich vor der Sendung hypnotisiert hatte, war auch eine negative Halluzination eingeplant. Also, vorhandene Dinge verschwinden zu lassen. Dies zeigte ich am Ende. Der Moderator der Sendung war Marco Schreyl. Ich suggerierte damals sinngemäß: „Wenn ich Dich wecke, ist die Sendung zu Ende und Marco Schreyl hat das Studio verlassen." Dann weckte ich meine Hypnotisanden und drückte Marco Schreyl ein Mikrofon in die Hand. Die beiden Somnambulen waren regelrecht entsetzt über meine neue Fähigkeit der Psychokinese, denn sie sahen das Mikrofon, das Marco Schreyl in der Hand hielt, schweben. Die Suggestion, dass er das Studio verlassen hätte, sorgte dafür, dass er nicht mehr wahrgenommen wurde. Das Mikrofon jedoch war weiterhin real für beide und so sahen sie das Mikrofon schweben. Auf diese Art und Weise kann man die unglaublichsten Dinge suggerieren. Interessant ist jedoch immer noch die Frage, ob ein Hypnotisand einem weg-halluzinierten Gegenstand ausweicht, oder nicht. Das habe ich bisher noch nicht getestet. Ich bin jedoch der Meinung, dass es von mehreren Faktoren abhängt, insbesondere jedoch von den verwendeten Suggestionen.

Der Suggestibilitätstest

Wie gut oder schlecht ist ein Mensch hypnotisierbar? Welche Personen aus einer Gruppe sind am leichtesten in den hypnotischen Zustand zu bringen? Diese Fragen wird man sich in seinem Leben als Hypnotiseur sehr oft stellen. Um diese Frage zu beantworten, kann man einen so genannten „Suggestibilitätstest" durchführen. Also einen Test, der ermittelt, wie gut oder schlecht ein Mensch auf Suggestionen anspricht. Dieser Test wird ohne vorherige Hypnoseinduktion durchgeführt, also im ganz normalen Wachzustand. Es wird getestet, wie gut oder schlecht das Bewußtein Suggestionen zulässt. Im Rahmen der Fixationsmethode ist die eigentliche Suggestion zum Beispiel unter anderem ein Suggestibilitätstest.

Ein ganz simpler Suggestibilitätstest ist der „Händefalttest":

Man fordert seinen Probanden auf die Hände zu falten (wie beim evangelischen Gebet). Dann schaut der Hypnotiseur dem Probanden am besten tief in die Augen. Bei einer Gruppe von Personen ist das selbstverständlich weder möglich noch nötig. Es geht nur darum, die Faszination zu steigern. Der Suggestionstext kann zum Beispiel wie folgt aussehen:

„Ich zähle nun rückwärts von fünf bis null und mit jeder Zahl spürst Du mehr und mehr, wie Deine Finger immer steifer und steifer werden. Spätestens bei Null angelangt

kleben Deine Hände komplett aneinander. Du kannst sie dann nicht mehr öffnen.

Fünf - Mehr und mehr kleben Deine Hände aneinander. Deine Daumen, Deine Zeigefinger, Deine Mittelfinger kleben festen und fester. Immer fester. Deine Ringfinger werden steifer und steifer und Deine kleinen Finger werden steifer und steifer und kleben ganz fest aneinander. Mehr und mehr.

Vier - So, als ob man eine Tube Superkleber verwendet hätte, kleben Deine Finger und Deine Hände mehr und mehr aneinander.

Drei - Mehr und mehr klebt nun jeder einzelne Finger aneinander. Mehr und mehr kleben Deine Hände aneinander.

Zwei - Immer steifer und steifer werden Deine Daumen. Immer steifer und steifer werden Deine Zeigefinger. Immer steifer und steifer werden Deine Mittelfinger, immer steifer und steifer werden Deine Ringfinger, immer steifer und steifer werden Deine kleinen Finger. Immer steifer und steifer werden alle Finger und Deine Hände kleben mehr und mehr aneinander.

Eins - Noch steifer wird jeder einzelne Finger. Noch mehr kleben Deine Hände aneinander!

Null - Du kannst Deine Hände nun nicht mehr öffnen. Um so öfter Du es versuchst, um so weniger wird es Dir gelin-

gen!

Gleich darfst Du versuchen, Deine Hände zu öffnen. Es wird Dir nicht gelingen! Versuche nun, Deine Hände zu öffnen!"

Je nach dem, ob man diesen Test mit einer oder mehreren Personen durchgeführt hat, wird man eine mehr oder weniger große Zahl Personen haben, die ihre Hände nicht mehr öffnen können. Das sind die Personen die sich als extrem suggestibel heraus gestellt haben. Man kann die Wirkung dieser Suggestionen direkt für die weitere Einleitung einer Hypnose verwenden. Diese wird dann extrem schnell eintreten. In manchen Fällen ist auch sofort eine spontane Wachhypnose eingetreten.

Die Rücknahme der Suggestionen kann im einfachsten Fall durch eine einzige Suggestion erfolgen: *„Wenn ich mit den Fingern schnippe, sind Deine Finger wieder ganz locker und Deine Hände kleben nicht mehr aneinander."* Grundsätzlich wesentlich besser ist jedoch die komplette Auflösung der Suggestionen mit einer korrekten Hypnoseauflösung.

DER TRANCETIEFETEST

Ist er nun in Hypnose oder doch nicht? Besonders der Hypnoseanfänger wird immer wieder diese Frage stellen. Aber auch der Hypnotisand, der Hypnose mit Bewusstlosigkeit verwechselt, wird sich selbst diese Frage stellen. Im Rahmen einer Showhypnose ist das relativ schnell festgestellt, denn hier werden sofort im Anschluss an die Hypnoseinduktion Suggestionen gegeben, um die besten Probanden herauszufiltern. Dies sind in der Regel Bewegungs-, oder Sprachblockaden, oder auch unsinnige Suggestionen. Im Rahmen einer Hypnosetherapie würde so etwas natürlich etwas weit gehen. Der Hypnotiseur möchte ja ein Vertrauensverhältnis aufbauen und dieses nicht mit Showsuggestionen zerstören. Aus diesem Grund muss hier bei entsprechenden Suggestionen Show und Therapie auf jeden Fall getrennt werden. Doch es gibt Anzeichen, die ein Hypnotisand nicht spielen kann, oder in der Regel nicht vorspielen wird. Anzeichen, auf die ein erfahrener Hypnotiseur automatisch achtet, bzw. die mit entsprechenden Geräten gemessen werden können:

- REM (Rapid Eye Movement) – Schnelle Augenbewegungen

- Muskelerschlaffung im Gesicht

- Muskelerschlaffung am ganzen Körper

- Die Augäpfel drehen sich nach hinten.

- Die Pulsfrequenz sinkt.

- Der Blutdruck sinkt.

- Der Hautwiderstand erhöht sich.

- Die Frequenz der Gehirnwellen sinkt.

- Im somnambulen Zustand tritt ein Gedächtnisverlust ein.

REM (Rapid Eye Movement) – Schnelle Augenbewegungen

Bis vor einiger Zeit waren die Schlafforscher noch der Meinung, schnelle Augenbewegungen seien ein Zeichen, dass der Proband träumt. Inzwischen weiß man, dass es nicht ausschließlich beim Träumen auftritt. Gemeint ist die schnelle Bewegung des Augapfels unter den geschlossenen Augenlidern. Man erkennt diese Bewegungen sehr gut, wenn man darauf achtet. REM, so der Fachausdruck, kann bereits bei leichter Trance eintreten. Es ist also kein Zeichen, dass eine tiefe Trance anzeigt und es muss nicht zwingend eintreten. Wenn man REM beobachtet, kann man jedoch zumindest von einer Trance ausgehen.

Muskelerschlaffung im Gesicht

Aufgrund der Vielzahl der Muskeln in unserem Gesicht kann man eine Muskelerschlaffung natürlich auch besonders hier gut beobachten. Auch die Erschlaffung der Muskulatur ist kein spezifisches Zeichen tiefer Hypnose, ein erfahrener Hypnotiseur wird jedoch an der Gesichtsmuskulatur sehr gut erkennen können, wie weit die Hypnose bereits fortgeschritten ist. Leider ist ein Buch nicht besonders gut geeignet, es darzustellen, daher möchte ich Sie bitten, das in der Praxis genau zu beobachten.

Muskelerschlaffung am ganzen Körper

So wie man es besonders im Gesicht im Kleinen beobachten kann, so bemerkt man es im Großen am ganzen Körper. Insbesondere sollte man hierbei die Halsmuskulatur beobachten (der Kopf senkt sich oder legt sich zur Seite). Aber auch an den Händen und an den Füßen kann man sehr gut erkennen, wie der Körper reagiert. Füße, die vorher parallel nebeneinander lagen, klappen regelrecht auseinander, Hände entspannen sich sichtlich. Auch das ist schwierig mit Worten zu erklären, aber sehr gut in der Praxis erkennbar, wenn man darauf achtet.

Die Augäpfel drehen sich nach hinten

Es sieht im „schlimmsten Fall" aus wie eine Szene aus einem Horrorfilm: Die Augäpfel drehen sich nach hinten, bis man nur noch das weiße im Auge sieht. Danach schließen sich langsam die Augenlider. Jedoch keine Angst! Was manchmal richtig furchterregend aussieht, ist nur ein Zeichen tiefer Trance, dass eintreten kann, jedoch keinesfalls muss. Dieser Effekt tritt in allen Abstufungen ein. Auf der folgenden Abbildung sieht es noch relativ harmlos aus. Es gibt hierbei für den Hypnotiseur absolut keinen Grund, Panik zu bekommen. Es sieht nur extrem ungewöhnlich

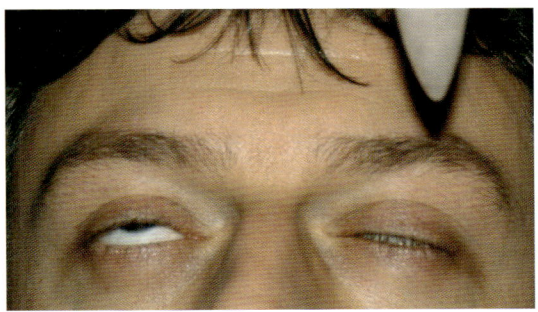

aus, ist jedoch ansonsten völlig ungefährlich. Auch Kontaktlinsenträger müssen hier keine Angst haben. Das, was hier bei geöffneten oder teilweise geöffneten Augen geschieht, passiert auch im Schlaf und ist auch im Schlaf nach Aussage von Augenärzten ungefährlich.

Die Pulsfrequenz sinkt

Mit eintretender Hypnose kann (!) die Pulsfrequenz sinken. Die Pulsfrequenz ist die Anzahl der Schläge des Her-

zens pro Minute. Um die Frequenz festzustellen, kann man die Anzahl der Herzschläge für zehn Sekunden am Handgelenk feststellen und mit sechs multiplizieren, oder man verwendet einen Pulsfrequenzmesser. Es gibt sehr einfache Geräte im Bereich des Sports, ich bevorzuge in solchen Fällen

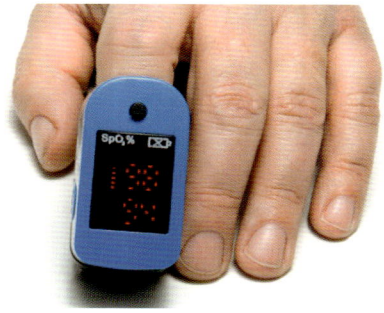 jedoch die inzwischen erschwinglichen „Pulsoximeter". Diese Geräte werden in verschiedenen Varianten und Größen angeboten.

Normalerweise werden sie bei Operationen eingesetzt um dem Anästhesisten Puls und Sauerstoffsättigung des Blutes anzuzeigen, oder auf Intensivstationen in Krankenhäusern. Heute gibt es relativ günstige Geräte, die direkt am Finger angebracht werden, aber es gibt auch relativ teure stationäre Geräte, die normalerweise im klinischen Bereich eingesetzt werden. Natürlich benötigt man diese Geräte als Hypnotiseur nicht. Es gibt jedoch Klienten, die technische Spielereien lieben und bei diesen Klienten kann man hier natürlich mit Seriosität punkten. Weiterhin ist sehr gut erkennbar, ob und wie der Hypnotisand auf Suggestionen reagiert. Während bei der Einleitung und Vertiefung der Hypnose die Pulsfrequenz mehr und mehr sinkt, steigt sie bei einer Fraktionierung (Unterbrechung) der Hypnose oder auch bei Suggestionen, die den Hypnotisanden erregen, wieder an. Die Trancetiefe kann durch diese Geräte nicht angezeigt werden, nur eine relative Änderung.

Der Blutdruck sinkt

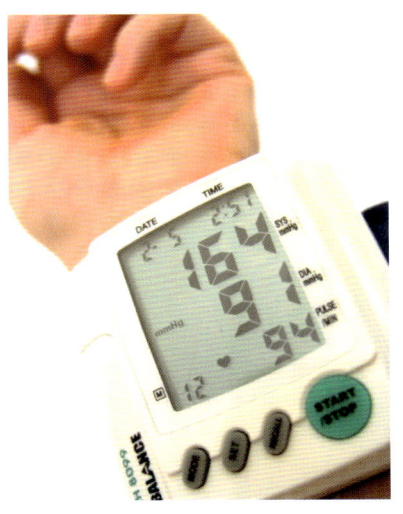 Ein Blutdruckmessgerät sollte grundsätzlich zur Ausstattung einer Hypnosepraxis gehören. Es gehört nicht zur Überwachung der Hypnose, jedoch ist in seltenen Fällen Vorsicht besser als Nachsicht. Da eine Dauerüberwachung des Blutdrucks derzeit ohne erheblichen Aufwand nicht möglich ist, ist der Blutdrucktest auf die übliche Manschette begrenzt. Mit moderner Elektronik ist es heutzutage problemlos möglich, den Blutdruck zu kontrollieren.

Ein Hypnotiseur wird in aller Regel darauf verzichten, den Hypnotisanden mittels Blutdruckmessung zu verunsichern. Bei Hypnotisanden mit sehr niedrigem Blutdruck sollte jedoch vorsichtshalber vor der Hypnose eine Messung stattfinden, da durch die Hypnose der Blutdruck häufig gesenkt wird. Ich empfehle die Messung während der Hypnose nur in Ausnahmefällen, da sie immer eine Störung darstellt. Die Trancetiefe kann durch die Änderung des Blutdrucks nicht festgestellt werden.

Der Hautwiderstand erhöht sich

Ein Parameter, der sehr gut ausgewertet werden kann, ist der elektrische Hautwiderstand. Dieser Wert ändert sich mit der Entspannung und kann sehr einfach gemessen werden. Hierfür gibt es entsprechende Geräte mit oder ohne Computerunterstützung in allen Preisklassen. Leider ist auch mit einem Biofeedbackgerät keine absolute Messung der Trancetiefe 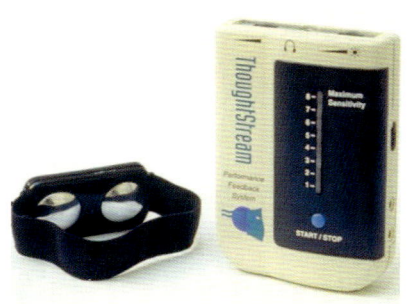 möglich. Die relative Änderung insbesondere während der Hypnoseinduktion, ist jedoch sehr gut möglich. Es gibt Geräte, mit denen man sogar eine Kurve aufzeichnen kann, die dem Hypnotisanden aufzeigen, dass sein Körper auf die Suggestionen reagiert hat. Ein erfahrener Hypnotiseur benötigt zwar keine Hilfsmittel, insbesondere für technikbegeisterte Hypnotisanden ist ein Biofeedbackgerät oder ein Hautwiderstandsmesser jedoch etwas Besonderes und daher grundsätzlich in einer Hypnosepraxis empfehlenswert.

Die Frequenz der Gehirnwellen sinkt

Mittels EEG (Elektroencephalegramm) oder Neurofeedbackgeräten ist es möglich, die Frequenz an der Oberfläche der Gehirnrinde zu messen. Mit Hilfe des EEGs kann man Rückschlüsse auf die Trancetiefe ziehen. Leider sind entsprechende Geräte sehr teuer, die Handhabung ist kompliziert und die Auswertung eines EEGs bedarf ei-

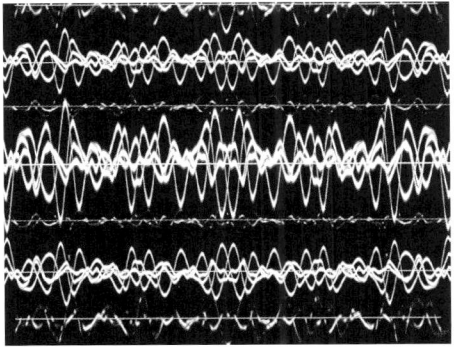

ner entsprechenden Ausbildung. Aus diesem Grund ist eine E E G - A u s w e r t u n g maximal im klinischen Bereich und im Bereich der Hypnoseforschung sinnvoll.

Im somnambulen Zustand tritt ein Gedächtnisverlust ein

Ein Zeichen des somnambulen Zustands ist der teilweise Gedächtnisverlust (partielle Amnesie). Die Amnesie bezieht sich auf den Zeitraum, in dem der Hypnotisand im somnambulen Zustand war. Ob und an was sich der Hypnotisand erinnern kann, kann man mittels Befragung herausfinden. Wichtig ist, dass das Gedächtnis natürlich nicht wirklich gelöscht ist. Die Erinnerung ist vorhanden, sie wird jedoch nicht bewusst. Erst nachdem man entsprechende Suggestionen gegeben hat, wird sich der Hypnotisand wieder erinnern können. Die Erinnerung kann zwar auch nach der Hypnose wieder nach und nach zurückkehren, in der Regel muss der Hypnotiseur die Erinnerung durch Suggestion wieder geben.

Der suggestive Trancetiefetest

Grundsätzlich kann man, wie bereits erwähnt, die Trancetiefe nicht mit technischen Mitteln messen. Es sind Erfahrung und Beobachtungsgabe und es gehört der suggestive Trancetiefetest dazu. Hierbei werden Suggestionen gegeben, die eine entsprechende Trancetiefe benötigen. Werden diese Suggestionen ausgeführt, bzw. angenommen, kann man davon ausgehen, dass eine entsprechende Trancetiefe eingetreten ist. Unterschiede bestehen natürlich darin, ob man eine Showhypnose duchführt, eine Gruppenhypnose oder eine individuelle Einzelhypnose. Je nach Anforderung werden hier ganz unterschiedliche Tests angewendet.

Beginnen wir mit der Fraktionierung. Die Unterbrechung der Hypnose ist neben der Vertiefung der Hypnose auch ein wunderbarer Test. Eine funktionierende Fraktionierung deutet auf eine mindestens mittlere Hypnosetiefe hin. Zugleich zeigt es dem Hypnotisanden, dass er wirklich in Trance ist.

Insbesondere im Bereich der Therapie wird die Armlevitation mit Armkatalepsie angewendet.

Hierbei wird suggeriert, dass der Arm immer leichter wird und von einem Gasballon gezogen, nach oben steigt. Eine Gefahr besteht hierbei nicht. Nur sollte die Suggestion nicht bei Personen angewendet werden, die z.B. aufgrund eines Unfalls oder aufgrund einer längeren Ruhigstellung einmal eine Versteifung des Armes miterlebt haben. Die Suggestion könnte in diesem Fall negative Auswirkungen auf die gesamte Hypnosesitzung haben, bis hin zum Rapportverlust. Diese Fälle sind natürlich sehr selten, ich möchte es jedoch ansprechen, da ich entsprechendes selbst erlebt habe.

Die Suggestion für eine Armlevitation kann zum Beispiel folgendermaßen lauten:

„Ich binde nun einen Bindfaden an Dein Handgelenk (dabei das entsprechende Handgelenk berühren). *An diesem Bindfaden hängt ein großer, kräftiger **Gas**ballon. Dieser Gasballon ist kräftig genug, Deinen Arm langsam zu heben und Du spürst nun, wie Dein Arm leichter und leichter wird und langsam, gezogen von diesem Gasballon, nach oben gezogen wird, solange, bis ich ,Stop' sage. Immer höher und höher steigt der Arm und umso höher der Arm steigt, umso tiefer sinkst Du in diesen wunderschönen, angenehmen Zustand der Entspannung, und umso tiefer Du sinkst, umso höher steigt der Arm. Beide Arme sind wunderbar durchblutet. Du fühlst Dich vollkommen wohl, während Dein Arm immer höher und höher steigt. Ganz von alleine, gezogen von diesem Gasballon."*

Wenn der Arm eine entsprechende Höhe erreicht hat, stoppt man ihn mit dem Befehl „Stop!" . Dann streicht man ganz locker über den Arm des Hypnotisanden und suggeriert zum Beispiel:

„Du spürst nun, wie Dein Arm ganz steif wird. Vollkommen steif wird Dein Arm. Gut durchblutet sind beide Arme. Du fühlst Dich vollkommen wohl. Dein Arm ist nun völlig steif, aber das ist absolut in Ordnung. Du fühlst Dich vollkommen wohl. Und auch, wenn Du gleich Deine Augen öffnest, wird sich an diesem Zustand nichts verändern. Dein Arm bleibt genau in dieser Position und Du fühlst Dich zu jedem Zeitpunkt vollkommen wohl!"

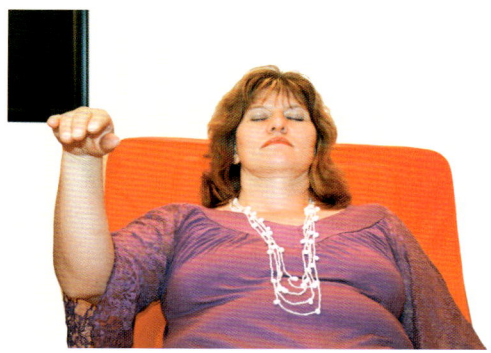

An dieser Stelle kann man den Hypnotisanden mittels der Fraktionierung die Augen öffnen lassen. Die Suggestion funktioniert ab der mittleren Trancetiefe sehr gut. Wenn die Armkatalepsie (Starre) auch bei geöffneten Augen weiterhin anhält, kann man davon ausgehen, dass die Trancetiefe eher zur tiefen Trance hin tendiert oder bereits tiefe Trance eingetreten ist. Der Hypnotisand wird in diesem Fall nicht mehr behaupten, nicht in Hypnose gewesen zu sein und der Hypnotiseur weiß, dass er ab sofort problemlos mit seinen eigentlichen Suggestionen beginnen kann.

Es ist auf jeden Fall auch darauf zu achten, dass man die Suggestionen wieder rückgängig macht:

„Dein Arm wird nun wieder ganz locker (wieder leicht über den Arm streichen). Ich lasse jetzt langsam das Gas aus dem Ballon ab und Dein Arm erhält nun langsam seine Schwere zurück und sinkt wieder tiefer. Umso tiefer Dein Arm nun nach unten sinkt, umso tiefer sinkst Du in diesen wunderschönen Zustand der Entspannung. Tiefer und tiefer! Gleich schneide ich den Bindfaden ab. Der Bindfaden und der Gasballon sind dann vollkommen verschwunden und beide Arme sind wieder ganz normal. – Schnipp!" (Hier bitte nötigenfalls den Arm auffangen!)

Möchte man auf Somnambulismus testen, hat man mehrere Möglichkeiten. Entweder man erfährt mittels Befragung, dass der Hypnotisand keinerlei Erinnerung an das Geschehene hat, oder man gibt Suggestionen, die einen somnambulen Zustand zum Gelingen voraussetzen. Bei dem Thema Erinnerung ist darauf zu achten, dass der Hypnotisand grundsätzlich sagen wird, dass er sich an alles erinnern kann. Einen eventuellen Gedächtnisverlust wird er in der Regel nicht bemerken. Für den Hypnotisanden ist es eine durchgehende Zeitlinie. Daher ist die Fragestellung auch entsprechend zu beachten.

Suggestionen um einen somnambulen Zustand zu testen, sind in der Regel alle Suggestionen, die mit geöffneten Augen eintreten. Ein Beispiel ist die Sprachblockade.

Hierbei suggeriert man dem Hypnotisanden, dass er beispielsweise seinen Namen nicht mehr aussprechen kann: *„Wenn ich Dich an der Schulter berühre, kannst Du Deine Augen öffnen. Dann kannst Du Deinen eigenen Namen nicht mehr aussprechen. Je öfter Du es versuchst, umso weniger wird es Dir gelingen! Ich zähle gleich bis drei. Bei drei angelangt kannst Du Deinen Namen wieder ganz normal aussprechen."* Dann wird der Hypnotisand an der Schulter berührt und fraktioniert. Wenn er nach Aufforderung seinen Namen nicht mehr aussprechen kann, kann man einen Schritt weiter gehen. Zunächst wird wieder bis drei gezählt und der Hypnotisand aufgefordert nun seinen Namen zu nennen. Das kann er nach der Zahl drei problemlos tun. Mit einem Tip an die Stirn wird er wieder in Trance versetzt. Nun folgt eine weitere Suggestion: *„Wenn ich Dich nun wecke, hast Du Deinen Namen vollständig vergessen. Du kannst Dich gar nicht mehr erinnern, wer Du bist und wie Du heißt. Sobald ich bis drei zähle, ist Deine Erinnerung wieder vollständig vorhanden. Du weißt dann wieder wer Du bist und wie Du heißt.".* Nun wird der Hypnotisand wieder fraktioniert und nach seinem Namen gefragt. Spätestens, wenn diese Suggestion ebenso wirkt, kann man sicher von einem somnambulen Zustand ausgehen. Man zählt dann auch gleich wieder bis drei. Diese Wachsuggestion wird dann die vorherige Suggestion wieder aufheben.

Sicherlich handelt es sich hierbei nicht um therapeutische Suggestionen und im Rahmen einer Therapie wird man wohl auch selten den Namen vergessen lassen. Es handelt sich nur um ein Beispiel. Ebenso kann man jede andere Suggestion geben, die mit geöffneten Augen ausgeführt werden soll. Eher leichtere Themen sind hierbei Sprech- oder Bewegungsblockaden. Die Suggestion von positiven oder sogar negativen optischen Halluzinationen setzt hingegen eine extrem tiefe Trance voraus. Unter positiven optischen Halluzinationen verstehe ich hierbei die Suggestion von nicht vorhandenen Dingen. Eine negative optische Halluzination wäre das Verschwinden von Gegenständen oder Personen mittels hypnotischer Suggestion. Ein erfahrener Hypnotiseur wird solche Experimente häufig nicht mehr benötigen. Dieser erkennt zum Beispiel an der Entspannung der Gesichts- und Halsmuskulatur sehr viel.

Die Hypnoseauflösung

Die Hypnoseauflösung stellt in meinen Augen das Wichtigste dar! Eine ordentliche Hypnoseauflösung! Wird die Hypnoseauflösung nicht oder nur unzureichend durchgeführt, kann dies zu teils massiven Problemen führen!

Während der Hypnose verändern sich die Körperphysiologie und auch der Fokus des Hypnotisanden. Dies stellt sich für den Hypnotisanden meist so dar, dass er sehr entspannt ist und sich in diesem Zustand während der Hypnose auch wohl fühlt. Wenn nun die Hypnose aufgrund einer Störung, eines Schrecks oder möglicherweise gar nicht beendet wird, wird sich der Hypnotisand nach kurzer Zeit unwohl fühlen. Dies kann sogar zu teils extremen Kopfschmerzen, Schwindelgefühl und Übelkeit führen. Auch kann eine nicht oder unvollständig durchgeführte Auflösung zu einer Re-Hypnose führen. Sollte der Hypnotisand inzwischen eine Tätigkeit durchführen, die seine absolute Aufmerksamkeit erfordert (z.B. die Teilnahme am Straßenverkehr), ist klar, dass dies hochgefährlich werden kann.

Mit einer ordentlichen Hypnoseauflösung fühlt sich der Hypnotisand nach der Hypnose sehr wohl!

Eine Hypnoseauflösung ist extrem einfach durchzuführen, wird jedoch häufig von schlecht ausgebildeten Hypnotiseuren einfach weg gelassen. Mir ist sogar ein Fall bekannt geworden, bei dem eine TV-Volontärin mehrere Stunden übelste Kopfschmerzen ertragen musste, nachdem sie bei einer Hypnose von einem Ausbilder, der sogar angeblich Heilpraktiker für Psychotherapie ist, ohne Auflösung einfach aus der Hypnose gerissen wurde. Auf ihre Frage hin, ob das nicht aufgelöst werden muss, wurde verneint. Kopfschmerzen seien völlig normal... Das ist natürlich völliger Unsinn!

Eine sehr einfache Form der Hypnoseauflösung, bei der jede Suggestion wieder genommen wird (zum Beispiel für Übungshypnosen) ist die Folgende:

Beispiel einer Hypnoseauflösung nach einer Übungshypnose

„Ich zähle nun langsam bis drei. Bei der Zahl Drei angelangt, bist Du wieder hellwach und fühlst Dich vollkommen wohl und entspannt. Ich werde, bei der Zahl Drei angelangt, keinen Einfluss mehr auf Dich ausüben!

Eins - Dein Puls und Dein Blutdruck steigen nun auf optimale Werte an. Puls und Blutdruck steigen auf optimale Werte an.

Zwei - Deine Arme, Deine Beine, Dein ganzer Körper wird nun wieder leichter. Deine Augenlider werden wieder leichter. Puls und Blutdruck normalisieren sich. Gleich kannst Du Deine Augen öffnen, dann ist alles, was ich vor dieser Hypnoseauflösung zu Dir gesagt habe, wieder vollkommen von Dir genommen. Ich werde dann keinerlei Einfluss mehr auf Dich ausüben.

Drei – Du bist wieder hellwach! Öffne Deine Augen! Wach auf!"

Ich möchte an dieser Stelle darauf hinweisen, dass die Texte hier keine Zaubersprüche darstellen. Es gibt in der Hypnose keine Zaubersprüche und so dürfen die Texte selbstverständlich sinngemäß abgeändert und auch erweitert werden!

Im Rahmen einer Hypnosetherapie wird man natürlich Wert darauf legen, dass die vorher gegebenen Suggestionen auch bestehen bleiben. Die Auflösung nach einer therapeutischen Sitzung wird daher anders aussehen, als die nach einer reinen Showhypnose oder Übungshypnose. Auch hierfür ein Beispiel:

Beispiel einer Hypnoseauflösung nach einer therapeutischen Hypnose

„Ich zähle nun langsam bis drei. *Bei der Zahl Drei angelangt, bist Du wieder hellwach und fühlst Dich vollkommen wohl und entspannt.*

Eins - Dein Puls und Dein Blutdruck steigen nun auf optimale Werte an. Puls und Blutdruck steigen auf optimale Werte an. Deine Arme, Deine Beine, Deine Augenlider, Dein ganzer Körper wird nun wieder leichter.

Zwei - Alles, was ich zu Dir gesagt habe, wird sich nun ganz fest in Deinem Unterbewusstsein verankern und zu Deinem Wohl wirken. Und jedes Mal dann, wenn Du Dich wieder in meinen Räumen befindest, wenn Du selbst diesen wunderschönen Zustand der Hypnose erleben möchtest und ich Dich an der Stirn berühre, wirst Du augenblicklich noch tiefer, noch viel tiefer wie jemals zuvor, in diesen wunderschönen Zustand der Entspannung sinken. – Puls und Blutdruck sind nun wieder optimal! Und gleich öffnest Du Deine Augen und bist hellwach!

Drei - Öffne Deine Augen! Wach auf! Du bist hellwach und fühlst Dich vollkommen wohl!"

In aller Regel wird der Hypnotisand nach dieser Auflösung die Augen öffnen und sich auch vollkommen wohl fühlen. Der Körper ist jedoch nicht immer ein Turbo. Aus diesem Grund lassen Sie dem Hypnotisanden bitte ein paar Minuten Zeit, wenn er sich zu Beginn noch etwas „wacklig" fühlt. Dieses Gefühl sollte nach kurzer Zeit einem totalen Wohlempfinden weichen. Wenn dies nicht der Fall ist, sollte man auf jeden Fall die Hypnose noch einmal einleiten, was kein Problem darstellen dürfte, da der Zustand noch nicht wirklich aufgehoben ist, und die Hypnoseauflösung noch einmal wiederholen.

Selten, aber immerhin möglich, ist der Effekt, dass der Hypnotisand auf die Hypnoseauflösung nicht reagiert. Wichtig ist hierbei, dass der Hypnotiseur nicht in Panik gerät, denn es gibt in aller Regel gar keinen Grund dafür. Der Hypnotisand fühlt sich in diesem Moment so wohl, dass er gar nicht mehr aufwachen *will*. Es klingt zwar paradox, doch sollte man in diesem Fall die Hypnose noch weiter vertiefen und dem Hypnotisanden dann selbst die Kontrolle übergeben:

Beispiel einer Aufwachphase wenn der Hypnotisand nicht mehr aufwachen will

„Du sinkst jetzt noch tiefer, noch viel tiefer in diesen wunderschönen Zustand der absoluten Entspannung! Immer tiefer und tiefer! – Und nun spürst Du ganz von selbst, dass Du nun genug geschlafen hast. Von ganz alleine möchtest Du nun aus diesem wunderschönen Zustand wieder erwachen! Ganz von alleine wirst Du nun aus diesem wunderschönen Zustand wieder erwachen!"

Bitte lassen Sie dem Hypnotisanden in diesem Fall die Zeit, die er benötigt. Er wird bereits nach wenigen Sekunden oder Minuten die Augen öffnen.

„Du bist wieder im Hier und Jetzt!"

Regelmäßig höre ich diesen Satz, der mir genauso regelmäßig eine Gänsehaut beschert. Insbesondere dann, wenn der Satz anstelle einer ordentlichen Hypnoseauflösung verwendet wird, stelle ich mir die Frage, wer das verbrochen hat. Was bitte bedeutet: „Du bist im Hier!"? Und was soll bedeuten: „Du bist im Jetzt!"? Das ist grammatikalisch gesehen völliger Unsinn. Jedoch interessiert das Unterbewusstsein die Grammatik erst an hinterer Stelle. Vordergründig sind die Bilder, die erzeugt werden. Welches Bild können Sie sich vorstellen unter „Du bist im Hier" und welches Bild ist „Du bist im Jetzt"? Nun, wenn ich daran denke, was aus „Dein Kopf ist klar und frei" werden kann, dann kann ich mir vorstellen, dass so manches Unterbewusstsein aus „Du bist wieder im Hier und Jetzt" auch irgendwelchen Unsinn produziert. Daher empfehle ich ein Umdenken und eine grammatikalisch richtige Aufwachphase!

„Eins, zwei drei – Hellwach!"

Oder... gesehen 2010 in einer Live-Sendung im deutschen Privatfernsehen am Mittwoch Abend und durchgeführt von einer Diplompsychologin: *Fingerschnippen* „Hellwach!" - das war alles.

„Um Himmels Willen!" ist mein Gedanke, wenn ich so etwas höre, oder auf Videos, bzw. live sehe. Bitte kommen Sie **niemals** auf die Idee, dass es sich bei diesem oder einem ähnlichen Satz um eine ordentliche Aufwachphase handelt! Dieser Satz wird allerhöchstens zu den am Anfang des Kapitels beschriebenen Unpässlichkeiten führen, also zu Schwindel, Übelkeit, Kopfschmerzen, usw., wenn die Hypnose nicht wie beschrieben ordentlich aufgelöst wird.

Hypnoseauflösung mit energetischer Aufladung und Schutz

Auch wenn für Sie „energetische Techniken" vielleicht nicht nachvollziehbar sind und diese Dinge rein wissenschaftlich derzeit nicht belegbar sind, sollten Sie respektvoll damit umgehen. Nur weil etwas nicht in das vorherrschende Weltbild passt, bedeutet das noch lange nicht, dass es nicht funktioniert oder gar Unsinn ist. Die folgende Hypnoseauflösung ist energetisch hochwirksam und kann, insbesondere wenn man als Anfänger etwas umstellt oder weglässt, heftige Auswirkungen haben. Aus diesem Grund bitte ich zunächst, vorsichtig damit umzugehen. Ich empfehle diese Auflösung, insbesondere bei Änderungen im Text, ausdrücklich nur erfahrenen Personen!

„Ich zähle nun langsam bis drei. Bei drei angelangt bist Du hellwach, fühlst Dich vollkommen wohl, ausgeruht und entspannt. Wenn Du magst, dann bitte Deine geistige Führung nun um Unterstützung für Dein Vorhaben.

Eins - *Ganz langsam spürst Du nun, wie sich Puls und Blutdruck normalisieren. Puls und Blutdruck normalisieren sich wieder. Und Du spürst nun, wie ein wundervolles, warmes Licht über Deinen Scheitel in Deinen Körper und Deinen Geist hineinfließt und Dir Kraft, Liebe und Energie gibt. Genau so viel, wie Du gerade benötigst. Immer genau so viel, wie Du gerade benötigst.*

Ein wunderschönes violettes Licht durchströmt nun jede einzelne Zelle Deines Körpers. Wundervolles violettes Licht durchströmt jede einzelne Zelle Deines Körpers. Neben dem violetten Licht durchströmt Dich nun auch ein wunderschönes gelbes Licht. Gelbes und violettes Licht durchstrahlen jede Zelle Deines Körpers. Gelbes und violettes Licht durchstrahlen jede Zelle Deines Körpers. – Das violette und gelbe Licht vereinen sich nun in ein ganz reines weißes Licht. Dieses weiße Licht durchströmt Deinen ganzen Körper und Deinen Geist. Es reinigt Deinen Körper und Deinen Geist und tritt dann bei den Füßen wieder aus, wo es von der Mutter Erde angenommen wird. Spüre, wie das weiße Licht jede Zelle Deines Körpers und Deinen Geist reinigt.

Das weiße Licht ändert nun seine Farbe zu einem hellen lindgrün. Das lindgrüne Licht durchströmt nun jede Zelle Deines Körpers und Deinen Geist. Wunderschönes lindgrünes Licht durchströmt Deinen Körper und Deinen Geist. – Ein weiterer Strahl mit himbeerrotem, herzenswarmen Licht tritt über den Scheitelpunkt in der Mitte Deines Kopfes ein und durchstrahlt Dich, genauso wie ein Strahl mit blauem Licht, dass Dir so viel Lebenskraft gibt, wie Du benötigst. Lindgrün, himbeerrot und blau durchstrahlen Deinen Körper und Deinen Geist und geben Dir Kraft, Liebe und Lebensenergie.

Es folgen ein goldener Lichtstrahl, ein weißer Lichtstrahl und ein silbernes Licht. Alle Lichtenergien durchströmen

Deinen Körper und Deinen Geist so lange Du sie benötigst. Sie geben Dir Kraft, Liebe und Lebensenergie.

Zwei – Deine Augenlider werden wieder leichter. Deine Arme, Deine Beine, Dein ganzer Körper wird nun wieder leichter. Bei drei angelangt, bist Du hellwach und Du kannst nun selbst entscheiden, welche meiner Worte Du für Dich behalten möchtest, die ab sofort und in Zukunft in Dir wirken werden.

Atme noch einmal tief durch und gleich wirst Du aus diesem wunderschönen Zustand erwachen. Du wirst Dich völlig frisch, wohl, ausgeruht und entspannt fühlen.

Noch einmal erscheint ein Licht. Ein wunderschönes, göttliches, goldenes Licht, dass Dich komplett einhüllt und schützt. Schütze Dich mit diesem goldenen Licht und sehe nun, wie ein silbernes Licht die goldene Hülle nach außen hin verspiegelt und Dich vor allen negativen Einflüssen absichert und schützt.

Drei – öffne nun Deine Augen! Puls und Blutdruck sind wieder völlig normal! Wach auf! Du bist wieder völlig hellwach! Öffne Deine Augen!"

REGRESSION, REINKARNATION UND PRÄINKARNATION IN HYPNOSE

Die Begriffe „Regression" und „Reinkarnation" bezeichnen die Rückführung im derzeitigen und in angenommene frühere Leben. Das Phänomen hierbei ist die Hypermnesie (extrem gesteigertes Gedächtnis), die eintritt. Betreffend der Reinkarnation, also der Rückführung über die Geburt (oder Zeugung, wie man will) hinaus, scheiden sich häufig die Geister. Für mich persönlich gibt es keine Frage. Ich habe inzwischen so viele persönliche Erfahrungen damit gemacht, dass es für mich persönlich eine Tatsache darstellt. Wenn Sie das anders sehen, dann ist das völlig in Ordnung! Ich bin kein Missionar und ich werde nicht beginnen, jemanden von etwas überzeugen zu wollen. Wenn Sie also aus religiösen oder anderen Gründen eine Wiedergeburt ablehnen, dann sehen Sie das alles mit einem Schmunzeln als Fantasie. Erlauben Sie mir jedoch den Einwurf, dass jede Religion dieser Welt die Wiedergeburt beinhaltet und dass Reinkarnation im Christentum erst durch einen Papst entfernt wurde, da diese nicht ins Konzept passte.

Ein Hypnotiseur sollte auf jeden Fall Ahnung von Regressions- und Reinkarnationstechniken haben, da es bei einer normalen therapeutischen Hypnosesitzung zu einer Spontanregression oder gar zu einer Spontanreinkarnation kommen kann. In einem solchen Fall muss man natürlich wissen, wie man sich verhält. Natürlich kann kein

Buch dieser Welt das Phänomen so nahe bringen wie die Praxis. Ich möchte jedoch einen kleinen Einblick in dieses absolut verblüffende Thema geben. Die „Präinkarnation" ist dabei relativ neu. Im Rahmen einer Reinkarnationssitzung habe ich erfahren, dass Zeit bei der Wiedergeburt keine Rolle spielt und man sehr wohl bereits in der Relativzukunft gelebt haben kann. Meine dahingehenden Experimente haben das bestätigt, einen Beweis hierfür kann ich jedoch nicht vorlegen. Daher bietet auch dieses Thema sehr große Kapazität für neue Erfahrungen.

Zunächst einmal definieren wir die Begriffe:

Regression: Rückführung im jetzt gelebten Le ben.

Reinkarnation: Rückführung in ein Leben, das vor diesem Leben gelebt wurde.

Präinkarnation: „Rückführung" in ein Leben, das vor diesem Leben gelebt wurde, jedoch paradoxerweise in der Relativzukunft liegt.

Dann gibt es auch in der Hypnose verschiedene Techniken, wie man an die gewünschten Informationen gelangt. Zum besseren Verständnis rede ich hier von **Rück**führungen, auch wenn ich gleichzeitig die Präinkarnation, also im Prinzip eine zeitliche Vorausführung meine. Die darf man übrigens nicht verwechseln mit einer Zukunftsschau

(Präkognition), auch wenn eine solche damit prinzipiell möglich ist.

Technisch gesehen haben wir in der Hypnose zwei Möglichkeiten der Rückführung:

- Direkte Techniken, die **körperlich** erlebt werden.
- Indirekte Techniken, die **nicht körperlich** miterlebt werden.

Grundsätzlich sei jedoch gesagt, dass man vorsichtshalber bei jeder Technik als erstes suggerieren sollte: „**Egal was geschieht, Du wirst zu jedem Zeitpunkt die deutsche Sprache sprechen und auch verstehen!**" – Diese Suggestion darf ruhig auch öfter wiederholt werden! Ich spreche hierbei unter Anderem aus eigener Erfahrung. Ich habe selbst erlebt, was passieren kann, wenn man diese Suggestion nicht gibt und sich der Proband plötzlich so stark mit einem Vorleben in einem fremden Land identifiziert (in diesem Fall das alte Ägypten), dass er die deutsche Sprache nicht mehr versteht. Im ungünstigsten Fall hat man dann einen Rapportverlust und der Proband ein größeres Problem...

So faszinierend jegliche Rückführung in Hypnose ist, so viel Respekt muss man dieser Technik entgegen bringen! Denken Sie einmal zurück in ihrem Leben. Sicher würden Sie in der Vergangenheit mehr als eine Situation wieder finden, die sie nicht noch einmal wieder erleben möchten. Vielleicht gibt es sogar Situationen, die Ihnen regelrecht Angst bereitet haben. Bei einer Rückführung weiß der Hypnotiseur zunächst natürlich gar nicht, in welcher Situation sich der Hypnotisand gleich wiederfinden wird. Daher ist sehr viel Erfahrung, zumindest aber eine gute Ausbildung, die auf solche Situationen vorbereitet, notwendig. Das gilt insbesondere in der Hypnosetherapie. Der Hypnotisand kommt aufgrund von Problemen in die Praxis. Bei der folgenden Rückführung ist es daher sogar sinnvoll, gerade die auslösenden Faktoren zu finden. Dass es sich hierbei häufig um Situationen handelte, die große Angst produziert haben, ist verständlich. Mit dieser Angst muss der Hypnotiseur gut umgehen können, um sie den Hypnotisanden einerseits noch einmal durchleben zu lassen und andererseits diese Erinnerung in ein „normales" Erlebnis ohne Ängste zu transformieren.

In diesem Buch möchte ich weniger auf die therapeutischen Maßnahmen eingehen. Hierzu gehört einfach eine gute Ausbildung durch Praktiker. Es sind vielmehr die Phänomene, die ich ansprechen möchte und bestimmte, einfache Techniken.

In der TV-Talkshow „Arabella", die vor einigen Jahren im deutschen Fernsehen lief, wurde ich einmal zum Thema Wiedergeburt eingeladen. Mit mir waren sehr hohe Persönlichkeiten anwesend: Nofretete, Mozart, Beethoven und viele weitere Personen, die steif behaupteten, die Wiedergeburt bekannter Persönlichkeiten aus der Geschichte zu sein. Dazu eine Therapeutin, die sichtlich stolz auf ihre Ausbeute war. Die Rückführungen dieser Frau wurden ohne Hypnose durchgeführt und ich denke ich kann mit Fug und Recht behaupten, dass es sich entweder um Schauspieler (hoffentlich), oder um bedauernswerte Geschöpfe handelte, die dieser Dame dann regelrecht hörig waren. In meiner eigenen Praxis habe ich höchst selten erlebt, dass sich jemand als die Wiedergeburt einer hochgestellten Persönlichkeit aus der Geschichte sah. Einmal jedoch habe ich eine Situation erlebt, die ich auch heute noch für zumindest phänomenal halte, selbst wenn es sich nur um Autosuggestion gehandelt haben sollte. Es geht hier um die angebliche Wiedergeburt von Enrico Caruso. Da es sich um eine Person handelt, die in der Öffentlichkeit einen gewissen Bekanntheitsgrad besitzt, werde ich selbstverständlich keinen realen Namen nennen, sondern ein Pseudonym verwenden. Nennen wir ihn Ludwig. Ich lernte Ludwig als Geschäftsführer einer kleinen Discothek in Bayern kennen, in der ich einen Auftritt hatte. Im Rahmen dieses Auftritts zeigte er uns seine wahrhaft phänomenalen Gesangskünste. Es ist nicht möglich, das, was wir dort erlebt haben, in Worte zu fassen, die jemand nachvollziehen kann. Einen solch gewaltigen Stimmumfang hatte ich vorher nicht einmal im TV, geschweige denn live erlebt. Es war Gänsehaut pur! So stand ich da mit offenem Mund, völlig sprachlos und er sagte zu mir: „Siehst Du, Singen ist mein Leben seit ich denken kann und ich will wissen warum!". So kam es dazu, dass ich Ludwig zu mir nach Hause einlud zu einer Reinkarnationssitzung, die ich sicher nie mehr vergessen werde. Meine Hoffnung, dass er einen somnambulen Hypnosezustand erreichen kann, erfüllte sich und ich konnte ihn zurückführen in ein früheres Leben, das mit seinen derzeitigen Gesangskünsten in direktem Zusammenhang war. Hierfür mussten wir gar nicht weit zurück. Es war Anfang des 20. Jahrhunderts. Ludwig sah sich als Enrico Caruso, einen der wohl größten Tenöre seiner Zeit. Ich werde die Geschichte zunächst weiter erzählen und später auf die verschiedenen Techniken eingehen. Während man Reinkarnation beispielsweise im TV so kennt, dass jemand mit geschlossenen Augen da liegt und irgendetwas erzählt, so habe ich die Technik dahingehend weiter entwickelt, dass es kein Problem darstellt, den Hypnotisanden die Augen öffnen zu lassen. Man erlebt in diesem Moment eine komplette Persönlichkeitsveränderung! In diesem Fall war es ein Mann, den ich darum bat, etwas vorzusingen. Er schaute mich an, schüttelte mit dem Kopf und sagte zu mir: „Sagen Sie mal, Sie wissen wohl nicht wer ich bin?!" „Doch, Sie sind Enrico Caruso!" „Ja eben! Meinen Sie ich singe hier einfach etwas vor?" ... Darauf, bzw. auf eine ähnliche Reaktion war ich vorbereitet. So konnte ich kontern: „Aber Sie wissen anscheinend nicht, wer ich bin! Ich bin der örtliche Präsident!" ... „Oh, Entschuldigung, Herr Präsident, das ist natürlich etwas anderes!". Danach begann er eine Arie zu schmettern – in italienischer Sprache! Nachdem ich ihn wieder in die Gegenwart und sein heutiges Leben zurückgeholt hatte, zeigte ich ihm die Videoaufzeichnung der Hypnosesitzung. Er war total perplex. Worüber er jedoch besonders beeindruckt war, war die Tatsache, dass er eine Arie in einer ihm heute fremden Sprache gesungen hatte.

Immer wieder werde ich gefragt, ob es denn möglich sei, in Hypnose fremde Sprachen zu sprechen, oder ob man Sprachen aus früheren Leben mitnehmen kann. Mit fremden Sprachen in Hypnose habe ich direkt bei einer meiner allerersten Reinkarnationssitzungen Erfahrungen gemacht. Ein Freund von mir sah sich als englischer Earl, der ein großes Problem hatte. Er sollte standesgemäß heiraten, war jedoch in eine Frau aus dem normalen Volk verliebt, was schier unmöglich war. Irgendwann während der Hypnose dachte ich mir, dass ein englischer Earl natürlich englisch spricht, also sprach ich ihn in englischer Sprache an. Er antwortete mir ebenfalls in englischer Sprache, jedoch empfand ich seinen Dialekt etwas seltsam. Es war verständlich, jedoch war ich von meinen Sprachurlauben in England anderes gewöhnt. Gut, ich dachte mir zunächst nichts dabei, denn mit entsprechenden Slangs hatte ich, wie ich später ausführe, auch schon Erfahrungen. Erst nachdem ich ihn weckte und ihm das Band vorspielte, sah er mich total verblüfft an und fragte mich: „Wer hat denn das gesprochen?". Er konnte mir nicht glauben, dass er das selbst gesprochen hatte, da er selbst nie Englisch gelernt hatte. Doch ein paar Wochen später kam es noch dicker. Eine Freundin war bei mir zu Besuch, die in diesem Leben ein Sprachengenie ist und das als Fremdsprachenkorrespondentin auslebt. Ihr spielte ich das Band vor, ohne zu sagen, dass es sich um eine hypnotische Reinkarnation handelte. Sie war völlig perplex. Nicht weil ich mich in englischer Sprache unterhielt, sondern weil mein Gesprächspartner nach ihrer Aussage einen Dialekt aus dem Mittelalter sprach! Nun stellt sich die Frage, ob es auch möglich ist, solche Sprachkenntnisse mitzunehmen um sie dann auch im normalen Leben einsetzen zu können. Erlebt habe ich auch das. Zumindest waren die Kenntnisse ein paar Tage abrufbar. Da es sich jedoch um eine afrikanische Sprache handelte, mit der die Hypnotisandin im jetzigen Leben leider nichts anfangen konnte, verblasste die Erinnerung wieder. Ohne Hypnose habe ich jedoch auch selbst schier unfassbare Dinge erlebt. Im Alter von 15 Jahren war ich drei Wochen in Christchurch, nähe Bournmouth an der Südküste von England. Ich wohnte dort bei einer Gastfamilie. Als ich dort ankam und die Familie mich begrüßte, traf mich zunächst einmal regelrecht der Schlag. Ich verstand kein Wort. Das, obwohl ich bereits ein paar Jahre Englischunterricht im Gymnasium mit durchschnittlichen Noten erfahren hatte. Der Grund meines Unvermögens war, wie sich kurz darauf herausstellte, dass meine Gasteltern waschechte Schotten waren mit einem ebenso waschechten schottischen Slang, eigentlich eine eigene Sprache. Ich schlug in Gedanken die Hände über dem Kopf zusammen und fragte mich, wie ich nun drei Wochen durchstehen sollte, wenn ich nicht einmal „Yes" und

„No" verstehen konnte. Doch es dauerte nur ungefähr eine Woche. Es ging schleichend voran, so dass es mir zunächst gar nicht auffiel, dass ich mich nach der kurzen Zeit mit meiner Gastfamilie fließend unterhalten konnte. Erst nachdem mich ein Engländer bat ich solle langsamer reden, da er meinen furchtbaren schottischen Slang sonst nicht versteht, wurde mir bewusst, dass hier etwas nicht stimmen konnte. Er glaubte mir nicht, dass ich Deutscher bin und selbst als er meinen Ausweis sah, schüttelte er mit dem Kopf und meinte, dass es völlig unmöglich sei. Einen positiven Nebeneffekt hatte es auch noch: Ich kam problemlos in jeden Pub hinein und unterhielt mich mit den Wirten, die regelmäßig die „German Students" aus dem Lokal entfernten, da diese noch keine 18 Jahre alt waren. Nun, damals war es für mich ein Rätsel, das ich nicht lösen konnte. Auch brachte ich es nicht in Verbindung, dass ich bei Filmen, in denen die schottische Burg „Eilean Donan Castle" gezeigt wird (z.B. Highlander 1986, James Bond – Die Welt ist nicht genug 1999) ganz seltsame Gefühle bekam. Heute weiß ich unter anderem, dass ich eine Inkarnation in Schottland durchlebt habe, in der Eilean Donan Castle eine sehr große Rolle spielte. Für mich ist es aus diesem Grund und aus anderen Erfahrungen heraus sicher, dass man Wissen aus anderen Inkarnationen mitnehmen kann, bzw. nötigenfalls darauf Zugriff erhält.

Nun aber zur Praxis. Bevor man Experimente in Richtung Rück- oder Vorausführung durchführt, sollte man sich grundsätzlicher und nicht zu unterschätzender Gefahren bewusst sein! Die größte Gefahr besteht immer im Rapportverlust. Da wir nicht wissen, was der Hypnotisand in der Vergangenheit (oder auch in der Relativzukunft) erlebt hat, müssen wir uns also absichern. Hierfür eignet sich der „Safe Place" oder „Wohlfühlraum", also ein virtueller Raum, in den man den Hypnotisanden sofort zurückschicken kann, sofern die Gefahr eines Rapportverlustes oder einer Panik besteht.

Wir müssen **zum Beispiel** mit folgenden **Gefahren** rechnen:

- Rapportverlust
- Panik
- Plötzliche Astralprojektion
- „Steckenbleiben" in einer anderen Zeit oder einer anderen Existenz (Persönlichkeitsveränderung)
- Plötzlicher Verlust der Muttersprache
- Retraumatisierung (Wiederholung eines traumatischen Erlebnisses)
- Psychischer Schock

Das ist nur eine kleine Auswahl, die zeigt, dass es kein Späßchen ist, eine Rückführung durchzuführen. Es kann durchaus sehr ernste Auswirkungen haben, wenn man keine entsprechende, gute Ausbildung genossen hat. Das gilt insbesondere, wenn man dieses Verfahren nutzt um die Ursache von chronischen Krankheiten, Ängsten, usw. zu eruieren. Ich möchte an dieser Stelle auch keinesfalls Ängste vor einer wunderbaren Methode schüren. Respekt ist jedoch angebracht!

Die Kinoleinwandmethode

Als der Entschluss reifte, eine CD zum Thema „Reinkarnation – Rückführung in frühere Leben" zu produzieren, war natürlich das Thema „Sicherheit" ganz oben auf der Liste. Wie kann man verhindern, dass ein Hypnotisand alles körperlich noch einmal erlebt? Das Ergebnis meiner Überlegungen war die Kinoleinwandmethode. Hintergrund der Überlegung war, dass man von einem Film nicht körperlich betroffen sein kann. Also ließ ich den Hypnotisanden in einem ganz speziellen Kino Platz nehmen. In diesem Kino befindet sich ein Sitzplatz mit einer speziellen Fernbedienung, die den Kinofilm fernsteuern kann. Der Film, der abgespielt wird, ist ein Film über das oder die Leben des Hypnotisanden. Fragen die auftauchen, kann er mit einer virtuellen Infotaste beantworten und selbst üble Erlebnisse werden aus der Distanz betrachtet.

Natürlich kann es auch hierbei zu heftigen Emotionen kommen. Die Gefahr, dass sich ein Hypnotisand zum Beispiel in einem mittelalterlichen Folterkeller oder gar auf dem Scheiterhaufen wiedersieht und das auch noch zusätzlich körperlich wieder erlebt, besteht jedoch nicht mehr. Diese Methode ist selbstverständlich auch für Regressionen oder Progressionen zu nutzen. Insbesondere dann, wenn man noch wenig Erfahrungen hat, oder wenn die Gefahr besteht durch die Hypnose ein altes Trauma wieder aufleben zu lassen, ist diese Methode geeigneter als alle Methoden, die ein körperliches Erleben forcieren.

Die körperliche Regression

Als Regression bezeichnet man die Rückführung im derzeitigen Leben, bis zur Zeugung. Erklärbar sind diese Erinnerungen im Gegensatz zur Reinkarnation oder Präinkarnation mit der Hypermnesie (extrem gesteigertes Gedächtnis), die in Hypnose eintritt. Ob diese Erklärung tatsächlich stimmt, oder ob nicht auch andere Faktoren eine Rolle spielen, wäre noch zu klären. Sicher ist jedenfalls, dass eine Regression ein sehr interessantes Thema insbesondere für Therapeuten darstellt. Hierzu ein kleines Beispiel. Vor einigen Jahren wurde ich in ein Hamburger Nobelhotel an der Alster zu einem TV-Casting für Hypnotiseure eingeladen. Im Rahmen dieses Castings, dass mehr einer kompletten Produktion glich, führte ich meine Hypnotisandin, die ich wegen mangelndem Selbstwertgefühl hypnotisieren sollte, in ihre Kindheit zurück zu dem Zeitpunkt, als dieses mangelnde Selbstwertgefühl zum ersten Mal in ihrem Leben auftrat. Sie saß auf der Couch und fing plötzlich an, wie ein kleines Kind zu reden, als ich sie aufforderte mit mir zu sprechen. Auf die Frage, wie alt sie sei, antwortete sie „Drei...". „Und was ist geschehen?" - „Meine Mama ist gestorben". Im weiteren Verlauf stellte sich heraus, dass sie ab dem Alter von drei Jahren von ihrer Großmutter aufgezogen wurde, die dann auch in jungen Jahren verschied. Im Endeffekt war es so, dass ihr im Leben kaum jemand gesagt hat: „Mädchen, das hast du gut gemacht!". Aber wie löst man dieses Problem? Da sie einen somnambulen Zustand erreichte, hatte ich mehr Möglichkeiten, als in der mittleren Trancetiefe und so entschied ich mich für eine ganz spezielle Lösung, die aber gleichzeitig auch für das Kamerateam etwas Abwechslung bedeutete. Ich suggerierte der inzwischen jungen Dame, dass sie gleich die Augen öffnen könne und dann ihre Mutter und die Oma ca. zwei Meter vor ihr stehen werden. Sie sollte die beiden dann erst einmal richtig toll begrüßen. Sofort, nachdem ich sie die Augen öffnen ließ, begann sie zu strahlen, stand auf und ging ca. zwei Meter nach vorne, wo sie die nur in der hypnotischen Halluzination vorhandene Mutter und die Großmutter unter Freudentränen umarmte. Ich suggerierte ihr nun, dass ihre Mutter und die Großmutter sie loben und ihr sagen, wie toll sie ihr Leben bisher gemeistert hat und dass sie ein sehr wertvoller Mensch ist. Danach ließ ich sie von Mutter und Großmutter verabschieden, vertiefte die Eindrücke, führte sie zurück in die Gegenwart und löste die Hypnose mit den posthypnotischen Suggestionen, dass sie ab sofort und in Zukunft täglich weiß, dass sie ein positiver und wertvoller Mensch ist, auf. Die zuständige Redakteurin war nicht nur regelrecht aus dem Häuschen, auch ihre Praktikantin war seitdem wie ausgewechselt, wie ich später erfuhr.

Das ist natürlich nur ein Beispiel von vielen. Möglichkeiten gibt es hier noch viel mehr, doch sind die meisten Anwendungen therapeutischer Natur und somit nur einem eingeschränkten Kreis zugänglich. Ist man jedoch Therapeut, dann bringt die Regression gewaltige Vorteile, zum Beispiel im Gegensatz zur Gesprächstherapie. Nur ein Problem hat man. Während eine Gesprächstherapie auch einmal 80-200 Stunden dauern kann und somit richtig Geld in den Geldbeutel spült, ist mit einer Regression das Problem möglicherweise bereits in einer Sitzung gelöst. Das kann natürlich ein Grund sein, davon abzusehen, wobei ich jedoch niemandem etwas Böses unterstellen möchte.

Zum näheren Verständnis möchte ich auch hier Suggestionsbeispiele bringen, doch warne ich grundsätzlich vor der Anwendung, wenn man keine entsprechende Ausbildung genossen hat. Auch aus einem Spaß kann ganz schnell bitterer Ernst werden, wenn man im Rahmen der Rückführung auf Dinge stößt, mit denen nicht einmal der Hypnotisand rechnet.

Für Regressionen, Reinkarnationen, usw. gilt: Je tiefer die Trance, desto besser die Ergebnisse. Umso tiefer die Trance, umso besser ist der erwünschte Kontakt zum Unterbewusstsein und somit zu den jeweiligen Erinnerungen. Es gibt selbstverständlich auch Regression und Reinkarnation in leichter Trance, nur sind die Ergebnisse dabei leicht durch Wunschdenken, bzw. durch das Wachbewusstsein im Allgemeinen manipulierbar. Das ist auch ein sehr grosser Schwachpunkt der „modernen Hypnose". Da hierbei meist nur leichte Trancen erzeugt werden, ist es entsprechend schwierig, Ursachen zu erkennen und es ist noch schwieriger, Ursachen zu beseitigen. Aus diesem Grund sehe ich hierbei keinen Grund nur eine leichte Trance zu induzieren. Im Gegenteil. Ich persönlich bin der Meinung, dass insbesondere verdeckte Ursachen, in tiefer Hypnose leichter auffindbar und auch leichter behandelbar sind.

PSI-Phänomene

Grundsätzlich kann es bei jeder Hypnose zu PSI-Phänomenen kommen. Insbesondere geschieht so etwas jedoch auch bei Reinkarnationssitzungen. Aus diesem Grund halte ich dieses Kapitel für gut geeignet um dieses Thema anzusprechen. Unter PSI versteht man Parapsychologie, also Phänomene, die wissenschaftlich entweder nicht anerkannt oder noch nicht erklärbar sind. Darunter fällt zum Beispiel die Telepathie (Gedankenlesen), Psychokinese (Fernbewegung von Gegenständen) und vieles mehr. Im Rahmen dieses Buches bin ich bereits mehrfach auf derartige Phänomene eingegangen. Es ergeht nun jedoch an alle, die obrigkeitshörig sind oder meinen, die Wissenschaft wäre der Weisheit allerletzter Schluss, die Aufforderung, alles was ich ab sofort in diesem Kapitel schreibe, mit Abstand anzusehen.

Um es überhaupt verstehen zu können, habe ich bereits vor vielen Jahren meine ganz persönliche Theorie entwickelt. So sehe ich den Körper als eine biologische Maschine an und das Gehirn als einen biologischen Computer.

Das Bewusstsein und unsere eigentliche Identität jedoch sehe ich im Energiekörper lokalisiert. Also in einem fein-stofflichen Körper, der unseren materiellen Körper durch-dringt. Dieses extrem einfache Modell einer sicher sehr viel komplexeren Wahrheit benutze ich jedoch sehr ger-ne, wenn ich versuche, gewisse Phänomene zu verstehen. Und auch in der Wissenschaft werden Spekulationen ein-gesetzt, um die Dinge zu verstehen. Zumindest bin ich mit meinem Modell bisher immer gut gefahren, da es auch die Reinkarnation und sogar Astralreisen oder Nahto-deserlebnisse beinhaltet und verstehen lässt.

Grundsätzlich haben paranormale Phänomene etwas be-sonderes, ja manchmal sogar etwas Angst einflößendes an sich. Viele Obrigkeitsdenker sind der Meinung, dass un-sere Wissenschaft der Weisheit grundsätzlich und immer Recht hat und alles, was wissenschaftlich nicht erklärbar ist, wird weit, weit weg geschoben. Dabei bedient sich un-sere Wissenschaft selbst häufig der unglaublichsten Me-thoden um das Grundgerüst bestehen zu lassen. Erkennt-nisse, die nicht ins Konzept passen, werden einfach unter den Teppich gekehrt, um nur ein Beispiel zu nennen. Der geneigte Leser wird ganz sicher sehr viele solche Beispiele finden, wenn er nur danach sucht. Jeder, der es zulassen kann, dass hinter dem Tellerrand noch etwas anderes ist, wirde erstaunliche Entdeckungen machen. Eine Realität, die nur unseren Sinnen verborgen ist, so wie Funkwellen, die wir auch mit unseren Sinnen nicht wahrnehmen kön-nen. Beispielsweise kommt es bei Hypnosesitzungen nicht selten zu Fernwahrnehmungen oder gar zu außerkörperlichen Erfahrungen (OOBE). Jeder Hypnotiseur, der mehr als nur grundlegende Erfahrungen gesammelt hat, wird irgendwann spüren, dass bei der Hypnose eine schwer erklärbare, energetische Verbindung zwischen Hypnotiseur und Hypnotisand aufgebaut wird. Für den Hypnotiseur wird das schnell völlig normal, obwohl es alles andere als das ist, wenn man versucht es mit wissenschaftlichen Erkenntnissen dieser Zeit zu erklären.

Wichtig für den Hypnotiseur ist es auf jeden Fall, sämtliche Phänomene als „normal", also als von der Natur gegeben anzusehen! Jede andere Sichtweise könnte Ängste beim Hypnotiseur erzeugen und somit nicht nur die gesamte Hypnosesitzung, sondern insbesondere auch den Hypnotisanden gefährden, der in einem solchen Fall nicht mehr ordentlich geführt werden kann. Genau das ist jedoch extrem wichtig in einem solchen Fall, da häufig der Hypnotisand selbst am meisten von den Phänomenen überrascht wird.

Wenn es jedoch darum geht, PSI-Phänomene zu erzeugen, sollte man sich so lange zurücknehmen, bis man auch Ahnung davon hat. Es gibt viele sehr spannende Experimente, jedoch muss man sich immer ins Bewusstsein rufen, dass man mit Menschen arbeitet und nicht mit Bauklötzen. Die Psyche des Hypnotisanden kann mit solchen Experimenten sehr schnell überfordert werden. Das gilt insbesondere dann, wenn man Experimente mit der

Astralebene durchführt.

Präinkarnation

Mit dem Begriff „Präinkarnation" bezeichne ich ein Phänomen, auf das ich vor kurzem im Rahmen einer Reinkarnationssitzung gestoßen bin. Die Hypnotisandin befand
sich im Rahmen der Reinkarnation in einem Leben als
sehr spirituelle Frau um das Jahr 1700 herum. Plötzlich
erzählte sie mir, sie hätte aus der geistigen Ebene eine
Information erhalten, dass Zeit eine Illusion sei und man
häufig auch schon Leben in der relativen Zukunft gelebt
hat. Ich fand diese Aussage sehr faszinierend. So hat es
mir wieder einmal gezeigt, wie sehr wir in eingefahrenen
Überlegungen gefangen sind. Es folgte natürlich gleich ein
Experiment in diese Richtung mit sinngemäß folgenden
Suggestionen:

„Wenn es ein Leben gibt in der relativen Zukunft, dass Du
bereits gelebt hast, also nicht das momentane Leben als
…, sondern ein anderes Leben, dann begib Dich direkt zu
einer schönen Situation in diesem Leben. Du kannst dann
laut und deutlich mit mir reden und Du wirst zu jedem
Zeitpunkt die deutsche Sprache sprechen und auch verstehen."

Hier ist ein Teil des Wortprotokolls aus dieser Präinkarna-
tionssitzung im Dezember 2009:

"Wir wollen hier in Frieden leben, das ist ein gutes Leben.

Es gibt viel Technik.

Es gibt keinen Krieg.

Ich glaube vor ca. 1000 Jahren war der letzte Krieg.

*Es gibt noch Krankheiten. Es gibt Maschinen, die das er-
kennen und behandeln. Der Mensch bekommt zum Teil
seine individuelle Behandlung. Das macht alles ein Computer.*

Es gibt sehr viel Spiritualität.

*Die Leute werden auch wieder nach einem gewissen Sche-
ma zusammengeführt. Jeder behält ein bisschen von seiner Individualität und auf der anderen Seite trägt er einen
kleinen Teil bei. Das macht jeder so und aus vielen kleinen
Teilen wird ein ganz großer Teil. Seit ein paar hundert Jahren.*

*Es gab noch richtig Ärger um das Jahr 2000. Die Menschen
haben einen großen Denkzettel bekommen. Man sagt bei
uns es hat etwas von Oben eingegriffen. Die ganze Welt
ist ins Ungleichgewicht gefallen."*

„War das ein Polsprung?"

*„Das kann ich nicht sagen. Es wird uns nur berichtet, dass
die Menschheit sehr bestraft worden ist. Eine genaue Jah-
reszahl kann ich nicht sagen. Ich glaube 2015 oder 25?
Ich glaube eher 2015. Viele Menschen sterben. Viele Men-*

schen wurden in einen Hinterhalt gelockt. Hinterhalt – ihnen wurde etwas glaubend gemacht. Viele Menschen, die darüber nicht nachgedacht haben wurden so ins Unglück gestürzt."

„Wurden die Menschen gezwungen?"

„Nach außen hin nicht. Aber ich denke doch. Es waren verschiedene Sachen (der Hinterhalt). Es waren Menschen, die für sich selber keine Verantwortung übernehmen wollten. In keiner Weise."

„Sind die gestorben?"

„Ja!"

„Wer hat überlebt?"

„Menschen, die kein oberflächliches Leben geführt haben. Ich kann mich schlecht ausdrücken. Es wurde uns gesagt, es hätte ein Reinigungsprozess stattgefunden."

„Hat der Planet, die Erde, bei diesem Prozess mitgemacht?"

„Ja, so wird es uns überliefert. Es wird uns überliefert wie wenn unsere Erde auf seine Bewohner extrem ärgerlich war. Die Erde hat sich gewehrt."

„Was weißt Du noch darüber?"

„Das zum Teil einige bewohnte Gebiete, egal wo auf der

Welt, verschwunden sind, Geisterstädte entstanden sind."

„Was haben die Überlebenden damals getan? Weißt Du etwas darüber?"

„Sie mussten teilweise von ihren Ländern weggehen und woanders ganz neu anfangen."

„War es der Beginn einer neuen Spiritualität auf der Erde?"

„Ja, die Menschen mussten lernen großräumig umzudenken."

„Und sie sind bescheidener geworden."

...

"Hat sich das Leben an sich danach absolut grundlegend geändert?"

„Ja, auf jeden Fall. Die Menschen sind wieder bescheidener geworden. Das sind sie auch jetzt noch und wir leben hier gut. Wir haben alles. Wir haben auch Computer, aber wir besinnen uns aufs Wesentliche. Wir haben gelernt, dass wir unsere Welt und unsere Tiere schätzen und achten müssen."

„Wie tut ihr das?"

„Wir sehen Tiere nicht mehr als Belastung an, sondern wir kümmern uns liebevoll und diese Energie ist einmalig und auch was unsere Mitmenschen betrifft..."

Es waren noch weitere Aussagen dabei, auf die ich an dieser Stelle nicht eingehen möchte. Vielleicht kann jedoch ein anderer Hypnoseforscher ähnliche Ergebnisse erzielen? Auf jeden Fall gibt es hier noch extrem vieles zu erforschen.

Reinkarnationsforschung

Prof. Ian Stevenson gilt als einer der Pioniere der Reinkarnationsforschung. Als Wissenschaftler hatte er hiermit sicher einen schweren Stand. Reinkarnation ist wissenschaftlich schon aufgrund des mechanistischen Weltbilds für viele nur schwer vorstellbar. Auch Paul von Ward ist ein Reinkarnationsforscher, der einer sehr interessanten Theorie nachgeht. Von Ward geht der Theorie nach, dass bei einer Wiedergeburt gewisse Körpermerkmale wiederkehren können. Gerade in der heutigen Zeit kommen immer mehr Themen zum Vorschein, die vor ein paar Jahren noch links liegen gelassen worden wären. Das sich der gesamte Körper durch Zellteilung innerhalb eines Jahres komplett erneuert, ist Lehrmeinung. Warum jedoch Defekte wie Narben, etc. auch erneuert werden, darüber macht man sich inzwischen auch Gedanken. Die Quantenphysik darf herhalten für neue Phänomene, meist auch aus dem Mund von Menschen, die nicht einmal wissen was ein Quarks oder ein Neutron ist oder das Gedankenexperiment „Schrödingers Katze" kennen, aber egal. Es wird darüber geredet und vieles wird nun plötzlich für möglich gehalten, was früher undenkbar gewesen wäre.

Interessanterweise hat mich ein Kollege vor einiger Zeit darauf hingewiesen, dass ich einmal mein Konterfei mit dem von James Braid vergleichen solle. Ich möchte das hier nicht weiter kommentieren, halte es jedoch für bemerkenswert:

Foto: Bernhard Huber, www.bernhardhuber.com / Portraitzeichnung: James Braid

So wird uns die Zukunft sicher sehr faszinierende, neue Erkenntnisse bringen!

Die therapeutische Hypnose

Die therapeutische Hypnose im klassischen Sinn darf man unter gar keinen Umständen mit der „modernen" oder „klinischen Hypnose" verwechseln. Die klassische Hypnose ist die ursprüngliche, hocheffiziente, direkte Technik. Die „moderne Hypnose" oder „klinische Hypnose" ist eine indirekte Technik, die mit der klassischen Technik bis auf den Namen nicht mehr viel gemeinsam hat.

Die klassische, therapeutische Hypnose ist prinzipiell wie eine Computerprogrammierung. Das Bewusstsein wird eingeschränkt, der Zugang zum Unterbewusstsein hergestellt und

- fehlerhafte Programmierungen werden geändert.
- neue Programme werden hinzu gefügt.
- nicht notwendige Programme werden gelöscht.
- falsche Programme werden gelöscht.

Danach wird die Hypnose wieder ordentlich aufgelöst. Ähnlich wie der Zugang als Administrator auf einem Computer, der Programmierung und danach wieder ordentlicher Abmeldung.

Sogar bei Krebs oder Lähmung durch Schlaganfall oder Multiple Sklerose (MS) sind ganz besonders spektakuläre Erfolge mit Hilfe der Hypnose erzielbar. Viel bekannter sind jedoch die Erfolge bei der Raucherentwöhnung oder beim Abnehmen, sofern die Ursachen des Übergewichts bekannt sind und mit Hilfe einer Umstellung der körpereigenen Programme beseitigt werden können. Sehr große Erfolge werden jedoch auch bei der Behandlung der folgenden Leiden erzielt:

- spezifische und unspezifische Ängste
- Burnout Syndrom
- jegliche Wundheilung
- jegliche Stressbewältigung
- akute und chronische Schmerzen
- Schlafstörungen
- Potenzstörungen oder Impotenz
- Traumata
- Allergien
- jegliche Süchte
- viele sonstige psychische Störungen
- viele sonstige körperliche Probleme und Krankheiten

Diese Liste stellt selbstverständlich nur einen kleinen Anhaltspunkt dar. Diese Liste kann noch extrem erweitert werden. Doch auch im nichtmedizinischen Bereich, bzw. in der Lebensberatung ist die Hypnose genial einsetzbar.

Beispiele hierfür sind:

- Hypnose im Sport oder im Leistungssport
- Gesundheitsprävention
- Selbstbewusstsein erlangen und stärken
- entspannte Geburt mit Hypnose
- Aktivierung eigener Fähigkeiten und Potentiale
- u.v.m.

Ablauf einer therapeutischen Hypnose

Bevor wir mit einer therapeutischen Hypnose beginnen, gibt es ein **Vorgespräch**. In diesem Vorgespräch wird nicht nur geklärt aus welchem Grund der Hypnotisand gekommen ist, sondern insbesondere auch, ob der Hypnotisand bereits Erfahrungen mit der Hypnose hat. Wenn ja und wenn diese positiv waren, können wir uns mit der Induktion danach richten und die Technik verwenden, die der Hypnotisand bereits kennt. Weiterhin müssen wir klären, ob es irgend etwas gibt, was wir vermeiden müssen. Es muss geklärt werden, ob möglicherweise Ängste vor irgend welchen Dingen bestehen und an welchem Ort, bzw. unter welchen Umständen sich der Hypnotisand besonders wohl fühlt, um diese Ressourcen nutzen zu können. Ein ordentliches Vorgespräch ist nicht nur sehr wichtig, um mögliche Ängste und Ungewissheiten abzubauen, es ist auch die Voraussetzung für eine individuelle Hypnosesitzung. Im Folgenden sehen wir uns eine therapeutische Hypnosesitzung mit der Fixations- oder einer entsprechenden Methode an, die im Liegen durchgeführt werden kann.

Während des Vorgesprächs klären wir auch, ob sich der Hypnotisand auf einer Therapieliege auf dem Rücken liegend wohler fühlt, oder eine Relaxliege mit einer schrägen Lehne bevorzugt. Im günstigsten Fall haben wir beides verfügbar. Bei längeren Sitzungen sollte man auch klären, ob der Hypnotisand möglicherweise unter Diabetes leidet und eventuell nötige Medikamente genommen hat. Nachdem der Hypnotisand (und der Hypnotiseur ☺)

nötigenfalls noch einmal auf der Toilette war, wird er mit einer Decke abgedeckt, damit es während der Sitzung nicht zu kalt wird. Während der Hypnotiseur vor und nach der Hypnose die Distanz mit der Anrede „Sie" wahrt, einigt man sich während der Hypnose am besten auf ein persönliches „Du".

Als akustischen Konzentrationspunkt verwendet man nach meiner Erfahrung am besten eine schöne Hypnosemelodie. Wichtig ist, dass die Melodie nicht nervt und das die Lautstärke der Musik und der Takt der Geschwindigkeit der Herzfrequenz eines entspannten Menschen angepasst ist (z.B. 60 Takte pro Minute). Ein angenehmer Duft und eine gedimmte Lampe sind nicht notwendig, können jedoch ebenso unterstützend wirken.
Es folgt die eigentliche Hypnoseinduktion, die man im günstigsten Fall auswendig beherrscht und nicht ablesen muss. Nach oder während der Einleitung der Hypnose werden die Trigger gesetzt, die zur Fraktionierung notwendig sind:

„Wenn ich Dich an der Schulter berühre, kannst Du Deine Augen öffnen. Wenn ich Dich an der Stirn berühre, sinkst Du augenblicklich noch tiefer in diesen wunderschönen Zustand der absoluten Entspannung."

Damit der Hypnotisand hinterher auch glaubt, hypnotisiert worden zu sein, ist es sinnvoll dies zu belegen. Da Hypnose keine Bewusstlosigkeit darstellt und der Zugang zum Unterbewusstsein im Rahmen einer therapeutischen Hypnose sonst eher unspektakulär ist, wird dem Hypno-

211

tisanden mit geeigneten Tests gezeigt, dass der Hypnotiseur einen Zugang zum Unterbewusstsein geschaffen hat.
Dies kann eine Fraktionierung sein, besser noch jedoch
eine Armlevitation (siehe auch Kapitel „Der Trancetiefetest").

Wenn der Test erfolgreich verlaufen ist, werden die eigentlichen Wirksuggestionen gesetzt. Hier achtet man
darauf, dass man positive Suggestionen benutzt. Das sind
Suggestionen, die besagen was geschehen soll und wird.
Einschränkungen dürfen auch mit negativen Suggestionen gegeben werden. Gerne verwende ich hierbei den
Vergleich: „Wenn ich mich in ein Taxi setze, werde ich dem
Fahrer auch sagen wo ich hin möchte und nicht, wohin
ich überall nicht hinfahren will". Es macht Sinn, dem Hypnotisanden den Zustand zu suggerieren, wie es ist, wenn
die Suggestionen gewirkt haben. Das wird verbunden mit
positiven Emotionen. Also beispielsweise die Prüfung und
das Bestehen der Prüfung in Verbindung mit positiven
Gefühlen. Sehr wichtig hierbei ist grundsätzlich, dass man
die Suggestionen eindeutig und nicht mehrdeutig gibt. Es
dürfen und sollen auch gerne Auslöser gegeben werden,
die die positiven Suggestionen in Zukunft und posthypnotisch unterstützen. Zum Beispiel:

*„Jedes Mal dann, wenn Du Zigaretten siehst, werden sich
meine Worte noch tiefer in Deinem Unterbewusstsein verankern und das positive Gefühl, rauchfrei zu leben, wird
für Dich noch intensiver."*

Ein erfahrener Hypnotiseur benötigt hierzu nicht zwingend fertige Suggestionstexte. Insbesondere ist man in diesem Fall davor bewahrt, fremde Fehler ungeprüft zu übernehmen. Zudem ist ein Hypnotiseur mit fertigem Suggestionstext auch nicht besser als eine Hypnose-CD. Also sollte das Ziel des Hypnotiseurs sein, dabei selbst in einen Trancezustand zu gehen und die Suggestionen frei und angepasst an den Hypnotisanden zu sprechen, und möglicherweise auch Informationen, die durch eine Befragung des Unterbewusstseins herausgekommen sind, gleich mit zu verarbeiten. Hierbei ist es immer hilfreich, gleich angepasst an die Sprache des Unterbewusstseins zu arbeiten, also mit Bildern und Emotionen. Man zeigt dem Unterbewusstsein das Ziel und den Weg. Den Rest erledigt das Unterbewusstsein selbst. Auch hier gilt: Es ist extrem einfach! Nichts ist schwierig! Nicht den Wald vor lauter Bäumen aus den Augen verlieren!

Am Ende der Sitzung wird dem Hypnotisanden ein weiterer Auslöser gesetzt, der jede weitere Hypnose erleichtern wird. Hierbei ist darauf zu achten, dass der Auslöser grundsätzlich nur in den Räumen der Hypnosepraxis und ausschließlich dann wirksam ist, wenn der Hypnotisand auch der Hypnose zustimmt.

Zum Schluss folgt eine ordentliche Hypnoseauflösung, bei der man sich auch gerne etwas mehr Zeit wie nur ein paar Sekunden lassen darf.

Das Ziel jeden Hypnotiseurs sollte es sein, effektiv zu arbeiten, also mit geringem Aufwand den größtmöglichen Erfolg zu erzielen. Nicht möglichst viele Sitzungen, sondern eine möglichst kleine Anzahl effektiver Sitzungen sorgen für eine positive Mund zu Mund Propaganda und somit für den Erfolg.

Damit eine therapeutische Hypnose auch von Erfolg gekrönt ist, ist es wichtig, dass eine innere Bereitschaft vorhanden ist. Der Wunsch, das Leiden zu beenden, muss auf jeden Fall seitens des Hypnotisanden vorhanden sein. Sprüche wie „meine Frau schickt mich" oder „ich muss jetzt..." sind bei einer Hypnose extrem kontraproduktiv. Erst der eigene Wunsch nach Beendigung des Leidens wird auch dafür sorgen, dass die Hypnose von Erfolg gekrönt ist, es sei denn, man möchte wirklich gegen das Innerste des Hypnotisanden handeln.

Therapeutische Hypnose ist genial ...
... wenn man den freien Willen respektiert!

SHOWHYPNOSE

Als ehemaliger Showhypnotiseur mit ca. 15 Jahren hauptberuflicher Bühnenerfahrung steht es mir, im Gegensatz zu Akademikern mit Null Komma Null Bühnenerfahrung zu, dieses Thema etwas zu beleuchten. Ich habe an anderer Stelle in diesem Buch bereits mitgeteilt, was ich davon halte, wenn jemand über Dinge spricht von denen er gar keine Ahnung haben kann. Ein Redakteur macht das ständig aus beruflichen Gründen. Ein Arzt oder Psychotherapeut, der noch nie auf der Bühne stand und noch nie in seinem Leben eine Showhypnose durchgeführt hat, macht das aus anderen Beweggründen. Sicher nicht jedoch aus Nächstenliebe und nie habe ich es objektiv erlebt.

Ich möchte es auch gleich noch einmal wiederholen: Showhypnose ist kein Gruppenzwang, ist echt und sie ist sehr, sehr wertvoll! Ohne Showhypnose gäbe es heute sicher gar keine Hypnoseszene. Unter „wertvoll" verstehe ich natürlich nicht die üblichen Verdächtigen, die Leute auf den Boden knallen lassen, ohne vorher nach möglichen Gebrechen zu fragen den Körper versteifen, um dann darauf zu steigen und nach einem herzhaften Pusten ins Gesicht auf nimmer wiedersehen verschwinden. Ich rede von ernsthafter, seriöser Showhypnose, die man als Unterhaltung ansehen kann und bei der keiner der Beteiligten möglicherweise einen bleibenden Schaden davonträgt. Genau diese Darbietungen sind es nämlich, die die moderne Menschheit überhaupt erst von der Hypnose überzeugt haben. Das Weltbild, das die moderne Wissenschaft geschaffen hat, beinhaltet Hypnose und deren Phänomene nämlich nicht mehr. Wie im Kapitel über die Geschichte der Hypnose ausgeführt, wurde Hypnose auch mehrfach wieder verboten und durch Kriege, etc. aus den Köpfen verbannt. Erst die Showhypnotiseure waren es, die Hypnose wieder in die Köpfe der Menschen gebracht haben. Auch wenn ich einige Machenschaften auf das schärfste verurteile, so darf insbesondere die Psychotherapie eher ein Loblied auf die Showhypnotiseure singen, die millionen von Straßenkilometern gefahren sind und tausende Auftritte absolviert haben, um Hypnose zu einem Teil zu dem zu machen, was sie heute ist. Inzwischen wird mit „moderner Hypnose" oder „klinischer Hypnose" zwar wieder Desinformationspolitik betrieben, den Boom der Hypnose an sich, wird jedoch auch das nicht mehr aufhalten.

Doch warum sind Showhypnotiseure so extrem erfolgreich in ihrem Tun, auch wenn einige Kollegen immer wieder öffentlich zeigen, dass sie fachlich keine Ahnung haben und Warnungen erfolgreich ignorieren? Wie in einem vorherigen Kapitel bereits beschrieben, spielt hier auch die immense Erwartungshaltung wieder eine große Rolle. Auch die verwendeten Techniken sind es, die eine Showhypnose von einer „klinischen" oder „modernen" Hypnose so extrem unterscheiden. Es werden hier direkte Techniken eingesetzt, die einen direkten Zugang zum Unterbewusstsein ermöglichen.

Zu Beginn einer jeden Showhypnose werden Freiwillige gesucht. In der Regel werden bis zu 20 verschiedene

Personen auf die Bühne geholt und mit Hilfe einer klassischen Hypnoseeinleitung oder mit Blitzhypnosetechniken hypnotisiert. Die große Anzahl resultiert daraus, dass
man gleich darauf die Hypnosetiefe testet und dann nur
mit Personen weiter arbeitet, die auch einen tiefen Somnambulismus erreicht haben. Bereits die Tests sind un-
terhaltsam. So werden beispielsweise die Hypnotisanden
hypnotisch am Boden festgeklebt, unternehmen imaginä-
re Flugreisen oder wehren sich gegen nicht vorhandene
Ameisen. Gleich darauf werden Suggestionen gegeben,
die die Hypnotisanden bei geöffneten Augen durchführen
sollen, um den somnambulen Zustand festzustellen. Wer
diesen nicht erreicht hat, bzw. nicht hypnotisiert ist, darf
in der Regel die Bühne gleich wieder verlassen. So bleibt
nach kurzer Zeit der harte Kern übrig, mit tief somnambulen Personen, die im Rahmen der Show sehr häufig Dinge
tun, die sie im normalen Wachzustand niemals tun würden. Das geht bis zu positiven oder negativen optischen,
gustatorischen oder sonstigen Halluzinationen, oder auch
bis hin zu posthypnotischen Befehlen, die noch lange
nach der Show, jedoch begrenzt auf den Veranstaltungs-
ort eintreten. Der Fantasie sind kaum Grenzen gesetzt. Ich
warne jedoch davor, Dinge zu suggerieren, die man niemals selbst durchführen würde!

Zur Verdeutlichung möchte ich hierzu eine Straßenhyp-
nose schildern. Ich war in Berlin unterwegs mit einem
Kamerateam. Wir haben völlig fremde Menschen auf der
Straße angesprochen, ob sie Interesse hätten, sich einmal
hypnotisieren zu lassen. Selbstverständlich wurde ich den
Leuten, die Interesse hatten, als bekannter Hypnotiseur

vorgestellt. Die Erwartungshaltung war dementsprechend hoch. Da eine energetische Hypnoseinduktion auch dann funktioniert, wenn man sie kennt, habe ich diese Variante gewählt. Außerdem ist diese Variante für Zuschauer spektakulärer, da der Hypnotisand steif wie ein Brett nach hinten umkippt.

Zunächst habe ich meinen Probanden aufgeklärt, dass wir nun gleich eine Hypnose durchführen werden und dessen Einwilligung geholt. Das ist wichtig um keine Straftat zu begehen. Dann habe ich aus reiner Vorsicht nachgefragt, ob mein Proband Medikamente nimmt, sich in ärztlicher oder psychiatrischer Behandlung befindet oder sonst irgendwelche Gebrechen, insbesondere Herz- oder Kreislaufbeschwerden hat. Das wäre dann ein möglicher Grund gewesen, die Hypnose aus Sicherheitsgründen nicht durchzuführen. Wir haben dann eine Isomatte auf den Gehsteig gelegt, ich habe meinen Probanden die Augen schließen lassen und mit einer energetischen Technik hypnotisiert. Zur Sicherheit wurde mein Hypnotisand von einer dritten Person sicher aufgefangen und auf die Matte gelegt. Es folgte sofort eine verbale Vertiefung:

„Tiefer und tiefer sinkst Du in diesen wunderschönen Zustand der Entspannung. Mit jedem Atemzug und mit jedem Wort das ich sage, sinkst Du immer tiefer! Du lässt Dich durch nichts stören. Du hörst nur noch meine Stimme. Alles andere wird nun völlig unwichtig und jedes mal dann, wenn ich mit meinem Finger schnippe, bist Du hellwach! Jedes mal dann, wenn ich Dich an der Stirn berühre oder das Wort „Schlaf!" zu Dir sage, sinkst Du augenblicklich noch tiefer in diesen wunderschönen Zustand der ab-

soluten Entspannung!"

Der Hypnotisand lag am Boden auf meiner Matte und für mich war es nun erst einmal wichtig, zu erfahren, ob und wie tief die Hypnose eingetreten ist. Daher suggerierte ich zunächst, dass er am Boden festklebt:

"Wenn ich Dich wecke, klebst Du am Boden fest! Du spürst, wie nun jedes einzelne Körperteil mehr und mehr am Boden festklebt (dabei Arme und Beine berühren)! Sobald ich mit den Fingern schnippe, kannst Du Deine Augen öffnen und wirst, wie mit Superkleber festgeklebt, mit dem ganzen Körper am Boden festkleben!" *Schnipp* „Wach auf!"

Nun folgte die Überprüfung. Das heisst der Proband wurde aufgefordert einmal zu versuchen aufzustehen. Nachdem klar war, dass er sich wirklich nicht bewegen konnte, habe ich ihn angesehen, bis drei gezählt, mit den Fingern geschnippt und aufgefordert, aufzustehen. Das konnte er daraufhin problemlos. Als er sicher auf seinem Platz stand, tippte ich ihn an die Stirn mit der Suggestion *"Schlaf! Steh' ganz sicher!"*. Gleichzeitig hielt ich ihn an der Schulter fest. Die nächste Suggestion war:

"Wenn ich mit den Fingern schnippe, kannst Du Deine Augen öffnen. Dann kannst Du Deinen eigenen Namen nicht mehr aussprechen!"

Nachdem auch diese Suggestion eingetreten ist, bin ich noch einen Schritt weiter gegangen:

„Wenn ich jetzt gleich mit den Fingern schnippe, hast Du Deinen eigenen Namen völlig vergessen! Du kannst Dich nicht mehr erinnern, wie Du heisst!"

Auch diese Suggestion ist mit geöffneten Augen eingetreten und somit war relativ klar, dass ein somnambuler Zustand eingetreten ist. Danach funktionierten auch Suggestionen wie:

„Wenn ich Dich jetzt gleich wecke, steht die Biene Maja direkt vor Dir. Das findest Du sehr lustig, dass eine so berühmte Biene vor Dir steht und Du darfst ihr auch gleich Fragen stellen!"

Für die Kamera haben wir noch weitere Suggestionen durchführen lassen. Dann wurden alle gegebenen Suggestionen wieder rückgängig gemacht und die Hypnose komplett aufgelöst.
Nun werden sich Viele Fragen, wo denn der Sinn ist, so etwas zu tun. Es gibt mehrere Möglichkeiten diese Frage zu beantworten. Einerseits ist es natürlich Unterhaltung für die Zuschauer. Andererseits ist es jedoch eine bewusstseinserweiternde Erfahrung für den Teilnehmer. Es kommt hinzu, dass sowohl der Hypnotisand, als auch ein Teil der Zuschauer von der Hypnose überzeugt werden, was ihnen zumindest indirekt hilft, da sie von der therapeutischen Wirkung der Hypnose ebenfalls viel eher überzeugt sind oder das zumindest für möglich halten.

Wichtig bei allen Aktionen ist jedoch, dass grundsätzlich die Sicherheit des Hypnotisanden an erster Stelle steht!

Beispielsuggestionen

Flugangst bewältigen mit Hypnose

Entspanne Dich nun! – Und während Du immer tiefer in diesen wunderschönen Zustand der Entspannung sinkst, entstehen Bilder vor Deinem geistigen Auge. Du befindest Dich nun auf einer Aussichtsplattform ganz in der Nähe eines großen Flughafens. Von hier aus kannst Du alles gut beobachten. Du siehst das Flughafengebäude und die Rollbahnen. Du siehst viele große Passagierflugzeuge. Einige große Flugzeuge rollen zur Startbahn, andere starten gerade und wieder andere setzen zur Landung an. Du siehst, wie elegant sich die Flugzeuge in die Luft erheben und mit welcher Leichtigkeit die anderen Flugzeuge zur Landung ansetzen. In Dir entsteht ein Gefühl von Freiheit und Lebensfreude, während Du diese Bilder immer deutlicher vor Deinem geistigen Auge siehst. Sieh diese Bilder nun in allen Einzelheiten vor Deinem geistigen Auge, während die positiven Gefühle immer stärker werden. Jedes startende Flugzeug vermittelt Dir ein Gefühl von Energie, Freiheit und Lebensfreude. Jedes landende Flugzeug vermittelt Dir ein Gefühl von Sicherheit. Lasse diese Eindrücke nun auf Dich wirken, während Du mit jedem Atemzug immer tiefer in diesen wunderschönen Zustand der Entspannung sinkst.

-   Pause –

Diese Bilder verblassen nun wieder vor Deinem geistigen Auge. Du beobachtest ein letztes Flugzeug beim Landeanflug und mit jedem Meter, den dieses Flugzeug langsam sinkt und zur Landung ansetzt, sinkst auch Du noch tiefer in diesen wunderschönen Zustand der absoluten Entspannung.

- Kurze Pause –

Es entstehen nun neue Bilder vor Deinem geistigen Auge. Du unternimmst nun eine wundervolle Flugreise zu einem Ziel Deiner Wahl. Du betrittst nun selbst den Flughafen. In dem Augenblick, wenn Du die Abfertigungshalle betrittst, spürst Du, wie Dich eine vollkommene Ruhe durchströmt. Du entspannst Dich noch mehr und fühlst Dich vollkommen wohl. Du begibst Dich zum Checkin-Schalter der Fluggesellschaft und nimmst voller Freude Dein Flugticket zu Deinem Wunschziel in Empfang. Deine Ruhe und Entspannung wird noch tiefer. Du bist völlig ausgeglichen und fühlst Dich wohl, während Du zur Fluggastkontrolle gehst. Du siehst, wie alle Fluggäste intensiv kontrolliert werden und ein wunderbares Gefühl der Sicherheit durchströmt Dich. Du weißt, dass hier alles für Deine Sicherheit getan wird. Nun gehst Du selbst durch die Kontrollschleuse. Es ist alles in Ordnung und eine Beamtin lächelt Dich an und wünscht Dir einen guten Flug. Du befindest Dich nun schon im Sicherheitsbereich des Flughafens. Du hörst die Durchsagen, die auf die jeweils startenden Flugzeuge hinweisen. Du hast noch etwas Zeit und kannst Dich nun noch mehr entspannen. Du gehst zu einem Bistro, bestellst Dir Dein Lieblingsgetränk und genießt Dein Getränk. Mit jedem Schluck den Du nimmst, sinkst Du noch tiefer in diesen wunderschönen Zustand der Ruhe und Entspannung.

- Kurze Pause -

Es wird nun langsam Zeit, zum Abflug-Gate zu gehen. Du siehst die vielen Mitreisenden, die sich, so wie Du auch, auf das fantastische Ziel freuen. – Nun wird Dein Flug aufgerufen. Mit Deiner Bordkarte gehst Du zum Flugzeug, wo Dich bereits freundliche Flugbegleiter erwarten. Fühle Dich vollkommen wohl und spüre, wie Du mit jedem Schritt immer ruhiger wirst. Die anderen Fluggäste drängeln ein wenig, aber Du fühlst Dich vollkommen wohl, denn Du weißt, dass sie nur alle schnell zu ihren Plätzen wollen. Du begibst Dich nun auch zu Deinem Sitzplatz. Es ist nicht besonders geräumig, aber genau das erzeugt bei Dir ein Gefühl der absoluten Geborgenheit. In dem Augenblick, in dem Du Dich hinsetzt, spürst Du, wie Du noch viel tiefer in diesen wunderschönen Zustand der Entspannung sinkst. Während Du Deinen Sicherheitsgurt anlegst, freust Du Dich auf Dein Ziel. Die Flugbegleiter erklären nun die Sicherheitsmaßnahmen an Bord und Du weißt, dass alles Erdenkliche für Deine Sicherheit getan wird. Du erinnerst Dich und weißt, dass Fliegen die sicherste Fortbewegungsmöglichkeit der Welt ist und dabei entspannst Du Dich noch mehr. Mit jedem Atemzug, mit jedem Takt dieser Melodie und mit jedem Wort, das ich sage, sinkst Du noch tiefer in diesen wunderschönen Zustand der absoluten Ruhe und Entspannung. Die Triebwerke werden nun angelassen und das Flugzeug rollt langsam zur Startbahn. Du bist vollkommen sicher, ruhig und entspannt. Du machst es Dir in Deinem Sitz bequem und lächelst Deine Nachbarn an, während das Flugzeug langsam weiter rollt. Das Flugzeug hat nun seine Startposition erreicht. Es ist herrliches Wetter, aber Du weißt, dass auch Regen oder Schnee kein Hindernis darstellen, da die Sicherheitsvorkehrungen optimal sind. Noch tiefer sinkst Du nun in diese wunderbare Entspannung – und nun hörst Du, wie die Triebwerke lauter werden und Du spürst die gewaltige Kraft des Flugzeugs, die Dich ein wenig in den Sitz drückt. Es ist ein ungewohntes, aber angenehmes Gefühl und nach wenigen Sekunden hebt das Flugzeug ab und steigt nach oben. Während das Flugzeug nach oben steigt, sinkst Du noch tiefer in den wunderschönen Zustand der Entspannung und fühlst Dich vollkommen wohl – vollkommen wohl. Du weißt, dass nun das Fahrwerk eingefahren wird und dass die Klappen bewegt werden. Die Geräusche, die Du wahrnimmst, sind völlig normal und beruhigen Dich. – Es ist alles in Ordnung. Das Flugzeug erreicht sehr schnell seine Flughöhe und ein wunderbares Gefühl durchströmt Deinen Körper und Deinen Geist. Es ist herrlich, frei wie ein Vogel zu sein, aber gleichzeitig völlig sicher an Bord eines modernen Flugzeugs. Die Flugbegleiter kommen und reichen Getränke. Du fühlst

Dich vollkommen wohl. Du bist völlig sicher an Bord und fühlst Dich völlig geborgen. Du weißt, dass selbst Wind und Turbulenzen einem Flugzeug nichts anhaben können. Auch wenn es einmal schaukelt, so wie ein Schiff auf dem Wasser schaukelt, fühlst Du Dich vollkommen wohl, denn es ist völlig normal und natürlich. – Entspanne Dich noch mehr und genieße die Freiheit. – Fühle Dich vollkommen wohl. – Und der Flug nähert sich nun dem Ende. Das Flugzeug ist nun an Deinem Ziel angekommen und sinkt tiefer. Mit jedem Meter, den das Flugzeug langsam nach unten sinkt, sinkst auch Du immer tiefer in diesen wunderschönen Zustand der Entspannung. Wieder hörst Du verschiedene Geräusche aus unterschiedlichen Richtungen. Das Fahrwerk wird ausgefahren und es werden wieder Klappen bewegt. Es ist völlig normal und beruhigend, diese Geräusche zu hören, während das Flugzeug langsam tiefer und tiefer sinkt. Nun spürst Du, wie das Flugzeug auf der Landebahn aufsetzt und wie die Geschwindigkeit stark abgebremst wird. Du bist an Deinem Wunschziel völlig sicher gelandet. Du fühlst Dich vollkommen wohl. Vollkommen wohl. Du wirst durchströmt von einem wunderbaren Glücksgefühl. Und ab sofort, jedes Mal dann, wenn Du daran denkst, ein Flugzeug zu betreten und zu fliegen, wirst Du noch entspannter – dieses wunderbare Glücksgefühl wird sich noch schneller einstellen und das Gefühl von Sicherheit und Geborgenheit folgt gleich darauf. Jedes Mal dann, wenn Du selbst diesen wunderschönen Zustand erreichen möchtest, bequem sitzt oder liegst und ich die Worte „Entspanne Dich nun" zu Dir sage, wirst Du noch tiefer in diesen wunderschönen Zustand der Entspannung sinken. Immer tiefer.

Du fühlst Dich vollkommen wohl, während Du nun von einem wundervollen goldenen Licht durchströmt wirst. Jede einzelne Zelle und Dein Geist werden nun durchströmt von einem wunderbaren warmen, goldenen Licht. Zusammen mit dem goldenen Licht erhältst Du Wissen und Vertrauen. Und jedes Mal dann, wenn Du einen Flughafen oder ein Flugzeug betrittst, wird sich ein wundervolles, angenehmes Gefühl der Ruhe und Entspannung einstellen. Ganz automatisch. Dieses Gefühl wird sich schon dann einstellen, wenn Du nur an Fliegen denkst. Mit jedem Mal wirst Du noch ruhiger und noch entspannter werden. Du wirst Dich vollkommen wohl und glücklich fühlen. Mit Deiner Entspannung und Freude steckst Du die Mitreisenden regelrecht an und das macht Dich glücklich.

Und jedes Mal dann, wenn Du selbst diese oder eine andere Hypnose-Sitzung gestartet hast, wenn Du ganz bequem sitzt oder liegst und wenn ich die Worte „Entspanne Dich nun" zu Dir sage, sinkst Du augenblicklich noch tiefer – immer tiefer in diesen wunderschönen Zustand der absoluten Entspannung.

STÄRKUNG DES IMMUNSYSTEMS

© 2005 by Wolfgang Künzel

Entspanne Dich nun – mehr und mehr! Immer tiefer sinkst Du in diesen wunderschönen Zustand der Entspannung. Und jedes Mal dann, wenn Du selbst wieder diesen wunderschönen Zustand erreichen möchtest, wird es Dir noch besser gelingen.

Und Du beginnst nun eine Reise durch Deinen Körper. Während Du immer tiefer in diesen Zustand der Entspannung sinkst, entstehen Bilder vor Deinem geistigen Auge. Du beginnst nun eine Reise durch Deinen eigenen Körper. Du bewegst Dich langsam von oben nach unten und bei Deiner Reise triffst Du immer wieder auf Soldaten, die vor Dir salutieren. Wenn Du auf einen oder eine Gruppe Soldaten triffst, hältst Du kurz an. Du weißt, dass diese Soldaten dafür zuständig sind, dass es Deinem Körper gut geht. Sie sorgen dafür, dass Du Dich wohl fühlst und glücklich leben kannst. Du freust Dich und Glück durchströmt Deinen ganzen Körper, wenn Du auf diese Soldaten triffst, die Dich respektvoll grüßen. Du sprichst mit ihnen und Du bedankst Dich bei ihnen, dass sie für Dich arbeiten. Sage ihnen, dass sie ihre Sache gut machen und motiviere sie. Sage ihnen, dass sie die Besten sind und wie stolz Du auf sie bist. – Bitte sie, das auch ihren Kollegen auszurichten. Es sollen alle erfahren, dass Du ihre Arbeit sehr schätzt.

Während Du mit ihnen sprichst, siehst Du, wie glücklich Deine Wächter darüber werden, dass ihre Arbeit von Dir anerkannt und geschätzt wird. Gehe durch Deinen ganzen Körper und sorge dafür, dass sich Deine Nachricht überall verbreitet. Wenn Du auf Deiner Reise auf irgendwelche Unstimmigkeiten oder Defekte in Deinem Körper stößt, bittest Du Deine Soldaten, es möglichst schnell zu beheben. Erkläre ihnen, dass es von großer Wichtigkeit ist, dass alles in Deinem Körper gut funktioniert und dass sie jederzeit Hilfe anfordern können, wenn sie benötigt wird. Spüre, wie Glück und Zufriedenheit Deinen ganzen Körper durchströmt!

- Pause –

Während Deine ganz persönlichen Soldaten und Helfer Deinen Körper weiterhin instand halten, verblassen nun diese Bilder wieder vor Deinem geistigen Auge. Glück und Zufriedenheit durchströmt Deinen ganzen Körper und Deinen Geist und dieses Glück motiviert Deine ganz persönlichen Helfer, auch in Zukunft beste Arbeit für Dich zu leisten.

- Kurze Pause –

Es erscheinen nun neue Bilder vor Deinem geistigen Auge. Eine wunderschöne Landschaft im Morgengrauen. Du siehst am Horizont die Sonne aufgehen und spürst die Kraft der ersten Sonnenstrahlen. Es ist wunderbar angenehm. Du atmest frische, klare Luft. Atme ganz ruhig, tief und gleichmäßig die frische, klare Luft ein – und alles Negative aus. Atme ganz ruhig, tief und gleichmäßig die frische, klare Luft ein – und alles Negative aus. Die Sonne steigt höher und höher und umhüllt Dich mit ihren wärmenden Strahlen. Während es immer heller wird, durchströmt Dich ein wunderbares Glücksgefühl und es wird immer intensiver je höher die Sonne steigt und je mehr Dein Körper und Dein Geist gereinigt werden.

- Pause –

Du fühlst Dich vollkommen wohl, während auch dieses Bild nun wieder in den Hintergrund geht. Es bereitet Dir große Freude, Deinen Körper gesund zu erhalten und dafür zu sorgen, dass Dein Immunsystem zu jeder Zeit korrekt und schnell reagiert. Jedes mal dann, wenn Du gesunde Nahrung oder Getränke, wie Obst, Gemüse, Tee oder ähnliches zu Dir nimmst, spürst Du, wie gut es Deinem Körper tut und das erfüllt Dich mit Freude. Du weißt, dass Du damit Deine Gesundheit optimal unterstützt.

- Kurze Pause –

Jedes Mal dann, wenn Du selbst diesen wunderschönen Zustand der Hypnose wieder erreichen möchtest, wenn Du ganz bequem sitzt oder liegst und wenn ich die Worte „Entspanne Dich nun" zu Dir sage, wirst Du augenblicklich noch viel tiefer in diesen wunderschönen Zustand der Entspannung sinken.

- kurze Pause -

Ein weiteres Bild entsteht nun vor Deinem geistigen Auge. Du siehst Dich selbst. Kerngesund und voller Energie. Es begegnen Dir Freunde und Bekannte, die Dich bewundern und darauf ansprechen, wie gut Du aussiehst, wie Du Gesundheit und Energie regelrecht ausstrahlst. Es bereitet Dir Freude und Du fühlst es in jeder Zelle.

- Pause –

Ab sofort wird Dich Dein Unterbewusstsein noch besser dabei unterstützen, Deinen Körper gesund zu erhalten. Es wird Dir Freude bereiten, Deinem Körper das zu geben, was er benötigt, um bestens zu funktionieren. Es bereitet Dir Freude, wenn Du Dich gesund ernährst und für ausreichend Schlaf sorgst. Und mit jedem Atemzug frischer Luft wirst Du neue Energie tanken.

BEISPIELSUGGESTION

ERFOLGREICH EIGENE ZIELE VERWIRKLICHEN

Entspanne Dich nun – mehr und mehr. Und während Du immer tiefer sinkst, entstehen Bilder vor Deinem geistigen Auge. Du konzentrierst Dich nun auf Dein persönliches Ziel. Konzentriere Dich ganz genau auf die Situation, die eintritt, wenn Du dieses persönliche Ziel erreicht hast. Sehe vor Deinem geistigen Auge in allen Details die Vollendung Deines persönlichen Zieles. Spüre das Glücksgefühl, dass Dich dabei durchströmt. Spüre die absolute Befriedigung, die damit einhergeht.

-Pause-

Betrachte nun ganz genau den Weg, der Dich zu Deinem persönlichen Ziel führt. Sehe diesen Weg in allen Einzelheiten. Spüre und erlebe die absolute innere Überzeugung, dass Du dieses Ziel erreichst.

-Pause-

So, wie Du einen Weg entlanggehst und das Ende dieses Weges in absoluter Sicherheit erreichst, wirst Du mit Deiner absoluten inneren Überzeugung auch jegliche persönliche Ziele in Deinem Leben erreichen. Die unendliche Weisheit Deines Unterbewusstseins wird Dir zu jeder Zeit den Weg weisen und dafür sorgen, dass Deine positiven

231

Vorstellungen in allen Einzelheiten Erfüllung und Ausdruck erlangen. Du bist ein positiver Mensch – und die Allmacht Deines Unterbewusstseins verleiht Dir zu jeder Zeit Kraft, Zuversicht und Selbstbewusstsein. Du bist Dir selbst bewusst und Deine positive Ausstrahlung überträgt sich ganz automatisch auf Deine Umwelt. Dein Selbstbewusstsein und Dein positives Auftreten, sowie die Allmacht Deines Unterbewusstseins helfen Dir, all Deine Wünsche zu erfüllen und rundum glücklich zu leben.

-Pause-

Ab sofort stellst Du Dir immer wieder unmittelbar vor dem Einschlafen voller Freude die Erfüllung Deiner positiven Wünsche in allen Einzelheiten vor. Wenn es Dein Ziel ist, Reichtum zu erlangen, dann sehe Dich in einer Situation in der Du reich bist. Ist es dein Wunsch gesund zu sein, dann stelle Dir vor, wie Du gesund und kraftvoll durchs Leben gehst. Möchtest Du etwas anderes erreichen, dann stelle Dir die andere Situation so vor, als wäre sie schon eingetreten. Glaube an diese Situation mit ganzem Herzen. Glaube an die Erfüllung Deiner geistigen Fantasien und Dein Unterbewusstsein wird alles daran setzen, dass Du Deine persönlichen Ziele erreichst. Die unendliche Macht und Weisheit Deines Unterbewusstseins wird ab sofort für die Erfüllung Deiner Ziele in allen Einzelheiten sorgen.

BEISPIELSUGGESTION

LERNE ‚NEIN‘ ZU SAGEN

DURCHSETZUNGSVERMÖGEN IM ALLTAG

© 2004 by Wolfgang Künzel

Während Du mit jedem Atemzug, mit jedem Takt dieser Melodie und mit jedem Wort, dass ich sage, immer tiefer sinkst, erscheinen nun Bilder vor Deinem geistigen Auge. Eine Person, die Dir nahe steht, bittet Dich um einen Gefallen. Vielleicht sollst Du dieser Person etwas leihen, möglicherweise sollst Du eine Arbeit verrichten, oder auch etwas ganz anderes, was Du in diesem Moment nicht tun möchtest oder nicht tun kannst. Sehe, wie diese Person auf Dich zu kommt und Dich auf diesen Gefallen hin anspricht. Höre zu, was die Person von Dir möchte und höre nun genau auf Dein inneres Gefühl. Das Bild wird immer konkreter und Dein Gefühl wird ganz deutlich. - Du spürst, dass es für Dich in diesem Moment besser ist, das Ansinnen abzulehnen. Andererseits weisst Du, dass die Person eigentlich von Dir erwartet, dass Du problemlos zusagst. Du spürst nun deutlich, wie sich Dein innerstes Gefühl und der Wille dieser Person widersprechen und Du spürst, wie Dich eine ungeahnte Energie durchströmt. Du bist Dein eigener Herr und Du entscheidest selbst, was Du tust und was Du nicht tust. Du spürst, wie in diesem Moment die Zuversicht und der Wille Formen annehmen. - Spüre die positive Energie, die Dich durchströmt, in allen Einzelheiten. - Das Bild wird nun noch deutlicher und Du siehst vor Deinem geistigen Auge, wie Du freundlich, aber bestimmt Deinem Gefühl folgst und eine Absage erteilst. Du fühlst Dich dabei wunderbar, denn Du hast das getan, was Dir gut tut. Spüre, wie Dich dabei ein unbeschreibliches Glücksgefühl und eine Energie durchströmt, die Dich so uneinnehmbar macht, wie eine Festung. Die andere Person respektiert Deinen Willen und Du spürst, wie bei dieser Person Dein Ansehen steigt, denn Du bist ein Mensch, der auf sein Gefühl hört und auch sagt was er will. Spüre dieses Gefühl der Zufriedenheit und Stärke in allen Einzelheiten!

- Pause -

Dieses Bild verschwindet nun, während Deine Zuversicht und Zufriedenheit weiter steigt. Du weisst, dass es viele Situationen, ähnlich wie die, die Du eben erlebt hast, geben wird und Dein Unterbewusstsein wird ab sofort entscheiden, wie Deine Meinung ausfällt. Du wirst ab sofort Deine Meinung vertreten, so wie es alle starken Persönlichkeiten tun. Du bist ein positiver Mensch, der seiner Meinung zu jeder Zeit, wenn es notwendig ist, Ausdruck verleiht. Die Allmacht Deines Unterbewusstseins wird Dir dabei helfen, zu entscheiden, was Du tun möchtest und was Du ablehnst. Du wirst zu jedem Zeitpunkt Deine Meinung mit innerer Sicherheit und positiver Kraft vertreten und Du spürst, wie glücklich Dich das macht.

- Pause -

Die unendliche Weisheit Deines Unterbewusstseins wird ab sofort entscheiden, in welchen Situationen es für Dich vorteilhaft ist, „Nein" zu sagen, oder eine andere Meinung mitzuteilen. Du selbst triffst die Entscheidungen, nachdem Du das Für und Wieder schnell, aber sorgfältig abgewägt hast und es bereitet Dir Freude, Deine Meinung in allen Situationen zu vertreten.

- Pause -

Ein weiteres Bild erscheint nun in allen Einzelheiten vor Deinem geistigen Auge. Du siehst nun, wie Du von vielen Menschen bewundert wirst. Die Bewunderung kann man einigen Personen ansehen, bei anderen spürst Du, wie Du akzeptiert und anerkannt wirst. Du wirst anerkannt und bewundert, da Du voller positiver Ausstrahlung bist. Du vertrittst Deine Meinung in allen Lebenslagen und das verleiht Dir Stärke. Die Leute bitten Dich um Deinen Rat, anstatt irgendwelche Ansprüche an Dich zu stellen. Spüre, wie gut es Dir tut und wie ein wunderbares Gefühl Deinen ganzen Körper und Deinen Geist durchströmt. Sehe dieses Bild und spüre auch das wundervolle Gefühl nun wieder ganz deutlich.

- Pause -

Die unendliche Weisheit Deines Unterbewusstseins wird ab sofort dafür sorgen, dass Du zu jeder Zeit die richtige

Entscheidung triffst und Deine Entscheidung voller innerer Sicherheit und Energie mitteilen wirst. Auch wenn es einmal nicht der Erwartungshaltung Deines Gegenüber entspricht, wirst Du, wenn Du es als notwendig erachtest, Deine Meinung vertreten und freundlich, aber bestimmt sein. Du bist ab sofort völlig frei in Deinen Entscheidungen. Du weisst, dass Du Deine Entscheidungen nur vor Dir selbst verantworten musst und kannst. Das macht Dich glücklich, selbstbewusst und erfolgreich.

Beispielsuggestion

Stressbewältigung mit Hypnose

Du atmest nun ganz tief, ruhig und gleichmäßig, während Du immer tiefer und tiefer sinkst. Spüre mit jedem Atemzug, wie Liebe und Harmonie Deinen ganzen Körper und Deinen Geist durchströmt. Mit jeder Faser Deines Körpers spürst Du nun diese innere Ruhe so, wie Du sie ab sofort in jeder Situation wieder hervorrufen kannst. Tiefe Ruhe ist in Dir und Du spürst mehr und mehr die Harmonie die dein ganzes Wesen durchzieht. Du bist tief in dir selbst und fühlst die harmonische Verbundenheit all Deiner Kräfte. In Dir ist vollkommene Harmonie. Du ruhst voll und ganz in Deinem Selbst. Du bist durchstrahlt von Harmonie und Lebenskraft und mit jedem Atemzug spürst Du die Energie und Lebensfreude, die jede Zelle Deines Körpers und Deinen Geist durchströmt.

- Pause -

Du gehst nun noch tiefer in Dich selbst hinein. Du machst nun eine Reise tief in Dich selbst. Und auf Deiner Reise immer tiefer, wirst Du vielleicht feststellen, dass sich große und kleine Müllhalden in Dir befinden. Müll bestehend aus ungelösten Problemen, Unsicherheiten, Minderwertigkeitskomplexen, geistiger Müll, der in Dir abgeladen wurde und immer wieder zu Stresssituationen führen kann. Wenn Du einen solchen Müll festgestellt hast, dann wirst Du nun diesen Abfall aus Dir heraus befördern um frei zu leben. Du bist ein positiver Mensch. Gehe nun noch viel weiter in Dich hinein und betrachte Dir diese kleinen oder großen Berge von Müll - und nun erkennst Du vor Deinem Geistigen Auge, wie sich in Dir eine Armee von gut ausgebildeten Helfern, eine richtige Spezialtruppe bildet. Erschaffen von Deinem Unterbewusstsein. - Und du siehst nun, wie jeder Einzelne dieser Spezialtruppe nun hilft diesen Unrat abzubauen und hinaus zu transportieren. Du kannst Dich durch diese Hilfe immer mehr und mehr entspannen, immer mehr. Fleißig und voller Elan hilft diese, Deine eigene Arme in Dir, Dich immer mehr und mehr zu entspannen. Du siehst zu und hilfst vielleicht mit, das was dich stört, nach außen zu tragen und je mehr Du Dich von all den belastenden Müllbergen trennst, umso wohler und leichter fühlst Du Dich.

- Pause -

Jeglicher geistige Müll und frühere Anspannung sind nun aus Deinem Körper und aus Deinem Geist heraus transportiert. Anstelle von Unrat findest Du nun leere Stellen vor, Plätze, die Du ab sofort positiv nutzen wirst. Sehe vor Deinem geistigen Auge nun, wie Du an diesen Stellen Samen aussäst, Samen von wunderschönen, duftenden Pflanzen, die Deine positiven Gefühle ausdrücken. Liebevoll düngst und bewässerst Du diese Pflanzen und freust Dich über das Ergebnis: Die positiven Gefühle in Form der wunderschönen Pflanzen, die jetzt sprießen. Immer größer und größer werden die Pflanzen aufgrund Deiner liebevollen Pflege. Sie beginnen nun ganz herrlich zu blühen und zu duften. Mehr und mehr und mit jedem positiven Gefühl, das Du ihnen schenkst werden sie immer schöner und schöner. Du wirst diese wunderschönen Pflanzen, die Deine positiven Gefühle ausdrücken, weiterhin pflegen und dafür sorgen, dass sie immer wunderschön blühen und duften. Du bist ein positiver Mensch und genau so positiv und voller Ruhe gehst Du nun durchs Leben. Ruhe gibt Dir Kraft und Energie, Du wirst jeder Situation mit innerer Ausgeglichenheit und voller Ruhe voller innerer Harmonie gegenüber stehen. Du bist ein positiver Mensch, Du denkst nun nur noch positiv nur noch positiv. Jedes Mal wenn Du einen Termin wahrnehmen musst, wirst Du Dich rechtzeitig und voller Ruhe dorthin begeben, Du bist zu jederzeit ein positiver Mensch, der voller Ruhe und innerer Harmonie auf jede Situation reagiert. Ein Mensch voller innerer Energie und kraftvoller Ausstrahlung. Die unendliche positive Kraft Deines Unterbewusstseins durchströmt Deinen ganzen Körper und Deinen Geist. Immer mehr und mehr spürst Du Deine positive Energie sowie die Liebe, die Dich durchströmt. Du reagierst nun nur noch ausgeglichen und voller Energie. In jeder Situation fühlst Du Dich ausgeglichen und voller Ruhe. Lasse nun die positiven Kräfte in Dir wirken und fühle Dich vollkommen wohl!

- Pause -

Dein großer Wunsch und die Aufgabe Deines Unterbewusstseins ist es, Deinen Körper gesund zu erhalten. Dein Unterbewusstsein wird von nun an dafür sorgen, dass Du frei und voller Harmonie leben wirst. Du wirst nun jeder Situation voller Ruhe und Ausgeglichenheit gegenüber stehen. Und ab sofort, jedesmal dann, wenn Du mit Daumen und Zeigefinger ein „O" formst und sich Daumen und Zeigefinger berühren, wirst Du spüren, wie sich, egal in welcher Situation Du Dich befindest, eine wundervolle Ruhe und Harmonie einstellt.

Jedes Mal dann, wenn Du mit Daumen und Zeigefinger ein „O" formst und sich Daumen und Zeigefinger berühren, wirst Du spüren, wie sich, egal in welcher Situation Du Dich befindest, eine wundervolle Ruhe und Harmonie einstellt.

Hypnose und Aromatherapie

Düfte spielen für die menschliche Psyche eine ungeheuer große Rolle. Beispiele hierfür gibt es genug. Denken wir nur an den Duft des Lieblingsessens. Schon beginnt der Magen mit der Bildung von Magensäure und wir bekommen Appetit. Verdorbene Lebensmittel erkennen wir vor dem Aussehen bereits am Duft. Düfte können Stimmungen erzeugen und Erinnerungen hervorrufen. Düfte können angenehm und abstoßend sein. Düfte wirken direkt auf das limbische System und das Großhirn. Die Wirkung von Düften kann somit auch wunderbar in der Hypnosepraxis eingesetzt werden.

Wie funktioniert „Riechen"?

Ob Gasmoleküle für uns einen Geruch haben und ob dieser Geruch als angenehm, abstoßend oder auf andere Art und Weise empfunden wird, entscheiden mehrere Fakten. Im zentralen Riechorgan, der Nase, befinden sich die Rezeptoren, die zum Erkennen des Geruchs notwendig sind. So, wie ein Schlüssel ins Schloss passt, docken die Gasmoleküle an und das Vorhandensein des Moleküls wird über die Nerven an das Gehirn gemeldet. Hier wird darüber entschieden, ob und wie wir den Duft wahrnehmen. Erst ab einer gewissen Anzahl und Art an andockenden Molekülen wird der Duft an das Bewusstsein gemeldet. Ist die Konzentration zu gering, werden wir den Duft zwar unbewusst wahrnehmen und reagieren, die Reizschwelle zur

Bewusstwerdung wird jedoch nicht erreicht. Man kann also hier von einer unterschwelligen, subliminalen Wahrnehmung sprechen. Ebenso gibt es andere Duftstoffe, die gar nicht bewusst werden, jedoch umso stärkere unbewusste Reaktionen hervorrufen. Hierzu gehören zum Beispiel die menschlichen Sexuallockstoffe (Pheromone).

Frauen haben einen tausendfach stärkeren Geruchssinn, als Männer. Nicht nur die Parfumindustrie weiß das zu schätzen. Inzwischen gibt es einen milliardenschweren Markt für Duftmarketing, also die Verkaufsförderung mit Hilfe von meist in winzigen Konzentrationen, also subliminal eingesetzten, Düften.

Wie kann man nun Düfte mit Hypnose verbinden? Düfte erzeugen Stimmungen, Erinnerungen und Empfindungen. In einer Hypnosepraxis kann somit ein passender Duft oder eine Duftkombination für die verschiedensten Gebiete eingesetzt werden.

Möglichkeiten, die Düfte zu verteilen, gibt es mehrere. Bekannt und beliebt sind Duftlampen. Mit Hilfe einer Kerze wird Wasser in einer Schale erwärmt. Das wasserunlösliche Duftöl wird so langsam verdampft. Weiterhin gibt es Elektroverdampfer mit und ohne Ventilator und sehr aufwändige Geräte, die mikrochipgesteuert in einstellbaren Intervallen den Duft an die Umgebung abgeben.

Die Düfte selbst, können zwischenzeitlich künstlich hergestellt werden. Auf dem Markt werden Duft-und Parfumöle, sowie reine ätherische Öle angeboten. Diese unterscheiden sich in der Qualität. Duftöle werden in der Regel künstlich hergestellt und Parfümöle sind häufig Mischungen aus künstlichen und natürlichen Substanzen. Nur reine ätherische Öle werden ausschließlich aus Pflanzenteilen (z.B. Zweige, Blätter, Wurzeln, Blüten, Harz), meist durch Kaltpressung oder Wasserdampfdestillation gewonnen.

ÄTHERISCHE ÖLE UND DIE WIRKUNG AUF DIE PSYCHE (BEISPIELE):

- Atlaszeder – Beruhigend, Hilfe bei Ängsten

- Basilikum – Entspannend, stimmungshebend, beruhigend

- Bergamotte – Angstlösend, entspannend, beruhigend

- Jasmin – Entspannend, harmonisierend, aphrodisierend

- Kamille – Entspannend, beruhigend

- Lavendel – Psychisch ausgleichend, beruhigend, schlaffördernd

- Lemongras – Erfrischend, stimmungs- und konzentrationsfördernd

- Limette – Stimmungsaufhellend, antidepressiv

- Mandarine – Beruhigend, besänftigend

- Melisse – Entkrampfend, beruhigend

- Muskatellersalbei – Öffnet das Unterbewusstsein – Hypnoseöl!

- Neroli – Lösend, beruhigend, antidepressiv

- Orange – Beruhigend, stimmungsaufhellend, antidepressiv

- Rosenholz – Antidepressiv, stimmungsaufhellend, beruhigend

- Ylang-Ylang – Antidepressiv, auflösend, beruhigend, aphrodisierend

- Vetiver – Erdend, euphorisierend

- Wacholder – Lösend, löst heftige Emotionen

- Zimt – Entspannend, regt die Traumwelt an, aphrodisierend

Ätherische Öle sind lichtempfindlich und flüchtig. Sie sollten aus diesem Grund grundsätzlich gut verschlossen und dunkel gelagert werden. Seit einiger Zeit ist ein kindersicherer Verschluss vorgeschrieben. Da die ätherischen Öle hochkonzentriert sind, sollte ein direkter Hautkontakt (es gibt Ausnahmen), sowie ein Kontakt mit Augen oder Schleimhäuten möglichst vermieden werden. Die innere

Einnahme kann je nach Öl zu starken Vergiftungserscheinungen führen. Ätherische Öle sind also kein Spielzeug und gehören schon gar nicht in Kinderhände. Für die Anwendung bei Massagen werden ätherische Öle mit duftneutralen Trägerölen gemischt. Für die Anwendung in der Duftlampe genügen wenige Tropfen. Man muss auch beachten, dass sich der Mensch an den Duft sehr schnell gewöhnt und dieser dann nicht mehr bewusst wahrgenommen wird. Es gibt daher keinen Grund, die Dosis der Beduftung ständig zu erhöhen, nur weil eine Gewöhnung beim Hypnotiseur eingetreten ist.

Welche Öle man einsetzt, ist vornehmlich dem persönlichen Geschmack und der gewünschten Wirkung vorbehalten. Grundsätzlich gilt jedoch: Weniger ist mehr! Ein durchdringender Duft kann eher abstoßend wirken, zumindest aber aufdringlich.

Die therapeutische Anwendung der ätherischen Öle (zum Zwecke der Linderung oder Heilung von physischen oder psychischen Krankheiten) ist grundsätzlich dem Arzt oder Heilpraktiker vorbehalten! Lebensberater haben jedoch kein Problem, wenn die ätherischen Öle in erster Linie zur Raumbeduftung eingesetzt werden. Ein möglicher therapeutischer Nebeneffekt darf jedoch nicht hervorgehoben werden.

Bezugsquelle reiner ätherischer Öle in großer Auswahl und bester Qualität: www.hypnoseshop.de

Merke!

✓ Es ist grundsätzlich Wohlbefinden zu suggerieren!

✓ Nie eine Suggestion geben, mit der man sich selbst nicht wohlfühlen würde!

✓ Suggestionen, die in Zukunft nicht mehr wirken sollen, werden am Ende der Hypnosesitzung restlos aufgelöst.

✓ Suggestionen, die auch nach der Sitzung noch anhalten sollen, werden am Ende der Sitzung wiederholt.

✓ Suggestionen sind besonders wirksam, wenn sie mit den zugehörigen Bildern und Gefühlen gekoppelt sind.

✓ Posthypnotische Trigger dürfen NIEMALS unkontrolliert eintreten.

✓ Die Wirksamkeit von Suggestionen ist abhängig von der Annahme durch den Hypnotisanden, der Häufigkeit der Wiederholung und der Trancetiefe.

✓ Eine Suggestion KANN ein Leben lang anhalten, selbst dann, wenn sie nur ein einziges Mal ausgesprochen wurde.

✓ Bei Suggestionen betreffend bestimmter Körperteile (z.B. Armkatalepsie) bewirkt eine leichte Berührung des Körperteils eine Verstärkung der Suggestion. Die Berührung erogener Zonen ist hierbei jedoch strikt zu vermeiden.

✓ Nach der Hypnoseauflösung wird der Proband

nicht sofort entlassen. Nach einem kurzen Nachgespräch erkundigt man sich grundsätzlich noch einmal nach dem Empfinden (insbesondere darauf achten, dass der Kreislauf stabil ist). Nötigenfalls ist die Hypnoseauflösung zu wiederholen!

- ✓ Suggestionen werden vom Unterbewusstsein wortwörtlich angenommen. Insbesondere Umgangssprache ist zu vermeiden!

- ✓ Besonders bei somnambulen Hypnotisanden muss man stets beachten, dass auch während der Wachphase in der Fraktionierung Suggestionen wirksam werden können. (Wachhypnose)

- ✓ Der Proband wird während der Hypnosesitzung nicht alleine gelassen. In dringenden Ausnahmefällen kann man darauf hinweisen, dass man kurz den Raum verlässt und in wenigen Augenblicken wieder zurück sein wird.

- ✓ Vorhersehbare Störungen werden in den Suggestionstext eingebaut und können zur Vertiefung verwendet werden.

- ✓ Der Proband sollte vor der Hypnosesitzung noch einmal zur Toilette gehen.

- ✓ Bei Verwendung von Hintergrundmusik ist darauf zu achten, dass der Proband die Musik als angenehm empfindet. Die Lautstärke muss angepasst sein (nicht zu laut!).

- ✓ Ich wünsche Ihnen alles erdenklich Gute und viel Erfolg! ☺

Anhang

Gesetz über die berufsmässige Ausübung der Heilkunde ohne Bestallung (Heilpraktikergesetz)

HeilprG

Ausfertigungsdatum: 17.02.1939

Vollzitat:

„Heilpraktikergesetz in der im Bundesgesetzblatt Teil III, Gliederungsnummer 2122-2, veröffentlichten bereinigten Fassung, das zuletzt durch Artikel 15 des Gesetzes vom 23. Oktober 2001 (BGBl. I S. 2702) geändert worden ist"

Stand: Zuletzt geändert durch Art. 15 G v. 23.10.2001 I 2702

Textnachweis Geltung ab: 1.1.1975

Eingangsformel Die Reichsregierung hat das folgende Gesetz beschlossen, das hiermit verkündet wird:

§ 1

(1) Wer die Heilkunde, ohne als Arzt bestallt zu sein, ausüben will, bedarf dazu der Erlaubnis.

(2) Ausübung der Heilkunde im Sinne dieses Gesetzes ist jede berufs- oder gewerbsmäßig vorgenommene Tätigkeit zur Feststellung, Heilung oder Linderung von Krank-

heiten, Leiden oder Körperschäden bei Menschen, auch wenn sie im Dienste von anderen ausgeübt wird.

(3) Wer die Heilkunde bisher berufsmäßig ausgeübt hat und weiterhin ausüben will, erhält die Erlaubnis nach Maßgabe der Durchführungsbestimmungen; er führt die Berufsbezeichnung „Heilpraktiker".

§ 2

 (1) Wer die Heilkunde, ohne als Arzt bestallt zu sein, bisher berufsmäßig nicht ausgeübt hat, kann eine Erlaubnis nach § 1 in Zukunft ... erhalten.

(2) Wer durch besondere Leistungen seine Fähigkeit zur Ausübung der Heilkunde glaubhaft macht, wird auf Antrag des Reichsministers des Innern durch den Reichsminister für Wissenschaft, Erziehung und Volksbildung unter erleichterten Bedingungen zum Studium der Medizin zugelassen, sofern er seine Eignung für die Durchführung des Medizinstudiums nachweist.

§ 3 Die Erlaubnis nach § 1 berechtigt nicht zur Ausübung der Heilkunde im Umherziehen.

§ 4 -

§ 5 Wer, ohne zur Ausübung des ärztlichen Berufs berechtigt zu sein und ohne eine Erlaubnis nach § 1 zu besitzen, die Heilkunde ausübt, wird mit Freiheitsstrafe bis zu einem Jahr oder mit Geldstrafe bestraft.

§ 5a

(1) Ordnungswidrig handelt, wer als Inhaber einer Erlaubnis nach § 1 die Heilkunde im Umherziehen ausübt.

(2) Die Ordnungswidrigkeit kann mit einer Geldbuße bis zu zweitausendfünfhundert Euro geahndet werden.

§ 6

(1) Die Ausübung der Zahnheilkunde fällt nicht unter die Bestimmungen dieses Gesetzes.

(2)

§ 7 Der Reichsminister des Innern erläßt ... die zur Durchführung ... dieses Gesetzes erforderlichen Rechts- und Verwaltungsvorschriften.

§ 8

(1) Dieses Gesetz tritt am Tag nach der Verkündung in Kraft.

(2) Gleichzeitig treten § 56a Abs. 1 Nr. 1 und § 148 Abs. 1 Nr. 7a der Reichsgewerbeordnung, soweit sie sich auf die Ausübung der Heilkunde im Sinne dieses Gesetzes beziehen, außer Kraft."

QUELLENNACHWEIS:

Charles Baudouin, Das Wesen der Suggestion, Carl Reissner Verlag Dresden, 1926

Carl Haensel, Franz Anton Mesmer – Leben und Lehre, S. Fischer Verlag Berlin, 1940

G. W. Gessmann, Magnetismus und Hypnotismus, A. Hartleben's Verlag Wien, ca. 1890

Dr. Ludwig Mayer, Das Verbrechen in Hypnose, J. F. Lehmanns Verlag München/Berlin, 1937

Kurt Tepperwein, Die hohe Schule der Hypnose, 1977

H. Schulz und O. Basler, Deutsches Fremdwörterbuch, Erster Band A-R, Verlag von Karl J. Trübner, Straßburg 1913

Protokoll der Mitgliederversammlung der Deutschen Gesellschaft für Hypnose e.V. vom 21.03.2003

Online-Aufsatz von Rechtsanwalt Michael Gerke aus Ratingen hinzuziehen (HRRS Onlinezeitschrift für Höchstrichterliche Rechtsprechung im Strafrecht, Ausgabe August/ September 2009, S. 373 ff.)

Die geheimen Mächte der Hypnose und Suggestion, Dr. Evans Gordon, Dresden, Rudolphsche Verlagsbuchhandlung (1921)

Hypnose und Suggestion Wunder - Macht - Verbrechen, Professor Dr. Otto Gramzow, Falken-Verlag Erich Sicker, Berlin-Schildow (ca. 1933)

Fotos:

Wolfgang Künzel, Andreas Fraunberger, Bernhard Huber, Foto Mautner (Dingolfing), Die Hypnoseakademie – Alle Rechte vorbehalten!

Rob Byron, Carolina K Smith MD, Sven Weber, Argus, Andrea Danti – fotolia.com

Die Hypnoseakademie
- Das Original -

Die Hypnoseakademie ist Vorreiter auf dem Gebiet der klassischen Hypnose. Viele Schulen und Dozenten sind aus dem Ausbildungsinstitut entstanden, dass 2002 von Wolfgang Künzel und Margot Fraunberger gegründet wurde.

Die Hypnoseakademie bietet Ihnen ständig die folgenden Ausbildungsinhalte:

- Grundseminar Hypnose und Hypnosetechniken (inkl. Blitz- und Schnellhypnosetechniken aus diesem Buch)
- Aufbauseminar Hypnosecoach (HA)® für therapeutische Hypnose
- Aufbauseminar Analytik und Rückführungstechniken
- Aufbauseminar für zahnärztliche Hypnose
- Aufbauseminar Ängste und Phobien
- Aufbauseminar Kinderhypnose
- Aufbauseminar Showhypnose
- Therapeutisches Handlesen
- Coach für systemische Aufstellungen

Lernen auch **Sie** die hier im Buch vorgestellten Techniken von Profis wie Wolfgang Künzel persönlich! Grundseminare finden im gesamten deutschsprachigen europäischen Raum statt.

WWW.HYPNOSEAKADEMIE.DE

Hypnose-CDs von Alexander Cain®

Erhältlich bei WWW.HYPNOSESHOP.DE

- Schlank durch Hypnose
- Nichtraucher Durch Hypnose
- Sicher in die Prüfung
- Erfolgreich in der Schule
- Aufmerksam und ausgeglichen
- Effektiv lernen
- Fremdsprachen lernen
- Frei von Stress
- Schutz bei magischen Angriffen
- Spass beim Sex
- Lebe Deine sexuellen Fantasien
- Selbstbewusstsein erlangen und stärken
- Sport macht Spass
- Ein- und Durchschlafen mit Hypnose
- Mit Hypnose zum Traumkörper
- Der Weg zur harmonischen Beziehung
- Spass auch ohne Alkohol
- Schüchtern? Nein Danke!
- Erfolgreich eigene Ziele verwirklichen
- Astralreisen mit Hypnose
- Lerne ‚Nein' zu sagen
- Stressfrei zum Zahnarzt mit Hypnose
- Entspannt fliegen mit Hypnose
- Reinkarnation - Rückführung in frühere Leben
- Stärkung des Immunsystems
- Brustvergrösserung mit Hypnose
- Aktiviere Deinen 6. Sinn
- Motivation im Aussendienst ... etc.

254